BIBLIOTECA **NATUREZA**

GUIA DE PLANTAS
PARA USO PAISAGÍSTICO

JARDIM À SOMBRA & VERTICAL

VALERIO ROMAHN

VOLUME 3

Todos os direitos reservados para
EDITORA EUROPA

Rua Alvarenga, 1416 - São Paulo, SP - CEP 05509-003
Telefone: (11) 3038-5050
atendimento@europanet.com.br
www.europanet.com.br

Editor e Publisher: Aydano Roriz
Diretor Executivo: Luiz Siqueira
Diretor Editorial: Roberto Araújo

Autor: Valerio Romahn
Coordenação Editorial: Roberto Araújo
Edição: Christiane Fenyõ
Produção Editorial: Aida Lima
Revisão de Texto: Denise Camargo
Projeto Gráfico e Edição de Arte: Ludmila Viani Taranenko

Dados Internacionais de Catalogação na Publicação (CIP)
(Daniela Momozaki – CRB8/7714)

Romahn, Valerio.
Guia de plantas pra uso paisagístico: jardim à sombra
e vertical / Valerio Romahn --- São Paulo : Editora Europa,
2018. (Biblioteca Natureza, v.3)
ISBN 978-85-7960-470-6 (título)
ISBN 978-85-7960-470-6 (coleção)

1. Arquitetura paisagísica I. Título

CDD 712.2

Índice para o catálogo sistemático
1. Arquitetura paisagística : 712

Comercial e Livrarias
Paula Hanne – paula@europanet.com.br – (11) 3038-5100

Atendimento ao Leitor
Fabiana Lopes – fabiana@europanet.com.br – (11) 3038-5058

Promoção
Aida Lima – aida@europanet.com.br – (11) 3038-5118

Impressão e Acabamento: FTD Gráfica

Apresentação

Você pode escolher qualquer planta para seu jardim. Só que isso seria um tremendo equívoco. A alegria de ver a planta certa se desenvolver saudável e bela é inversamente proporcional ao desgosto de errar na escolha. Para se dar bem é preciso calma e critério, e isso é muito diferente de escolher qualquer uma que você encontrar pelo caminho.

O primeiro ponto é determinar as plantas que estejam de acordo com o paisagismo do seu espaço. Para ajudar nesse agradável trabalho, a Editora Europa produziu a coleção **Grandes Temas do Paisagismo**, infelizmente já esgotada. Nos oito volumes dessa coleção, mostramos a arte e a beleza para o melhor aproveitamento dos espaços. Agora, com os três volumes deste **Guia de Plantas para Uso Paisagístico**, o Valerio Romahn escolheu as plantas ideais para cada uma das situações mais frequentes no paisagismo.

Assim, sempre de acordo com as condições de luminosidade e solo, você não vai escolher "qualquer planta" quando for fazer seu **jardim à sombra ou vertical**. Entre as 120 espécies que compõem este terceiro volume você vai poder decidir aquelas com maior chance de deixar seu paisagismo muito mais bonito e florido. Mesmo porque uma planta é um compromisso que você firma por muito tempo com a beleza e com a vida.

Roberto Araújo
araujo@europanet.com.br

Jardim à Sombra

Pode ser que você esteja procurando uma planta para cultivar em vaso dentro de casa. Ou para ornamentar um cantinho sombreado do jardim. O fato é que, se a luz solar for escassa, esse será o primeiro critério a pautar sua escolha.

De herbáceas a palmeiras, passando por uma boa variedade de arbustos, são muitas as opções que se adaptam a essas condições, inclusive algumas floríferas. As folhagens, no entanto, são maioria e surgem em diversos tons de verde, amarelo, vermelho ou quase preto. Cabe a você selecionar as mais indicadas para as dimensões de seu espaço e combinar as cores e texturas para obter resultados surpreendentes.

Aglaonema commutatum 'Pseudobracteatum'

Café-de-salão-dourado, aglaonema

Família das aráceas (*Araceae*)

Com folhas ornamentais que estão entre as mais belas de todas as aglaonemas, este cultivar encanta pelo colorido, que mescla verde-claro e branco-amarelado. Suas lâminas são longas, em forma de lança, e têm cerca de 30 cm de comprimento. Já as inflorescências, embora curiosas, não possuem atrativo ornamental e ficam escondidas entre a folhagem. A espécie pode ser cultivada em canteiros, onde desenvolve uma densa touceira; como bordadura; ou em vasos, sempre à meia-sombra ou à sombra. Ela mede até 50 cm de altura e foi desenvolvida por melhoramentos a partir da espécie-tipo, que é nativa da Malesia, uma região que abrange a Malásia, a Indonésia, as Filipinas e Papua-Nova Guiné. É característica de clima tropical quente e úmido, não tolerante ao frio, e aprecia solo rico em matéria orgânica, bem drenado, aerado e mantido úmido. Todas suas partes são tóxicas, e a reprodução se dá por estaquia.

Aglaonema commutatum 'Silver King'
Café-de-salão-imperial

Família das aráceas (*Araceae*)

É nas folhas em forma de lança, de até 35 cm de comprimento, que está o atrativo desta herbácea. Enquanto elas exibem um vistoso colorido verde-acinzentado com pequenas manchas e estrias verde-escuras, as inflorescências pouco vistosas passam praticamente despercebidas. A espécie pode ser cultivada em canteiros formando touceiras, como bordadura; ou em vasos, sempre à meia-sombra ou à sombra. Ereto e pouco ramificado, o café-de-salão-imperial tem 90 cm de altura e origem desconhecida – acredita-se que tenha sido desenvolvido a partir da espécie-tipo, que é nativa da Malésia, uma região que abrange a Malásia, a Indonésia, as Filipinas e Papua-Nova Guiné. Ele é típico de clima tropical quente e úmido, não tolerante ao frio, e todas suas partes são tóxicas. O solo deve ser rico em matéria orgânica, bem drenado, aerado e mantido úmido. Já a reprodução é por estaquia.

JARDIM À SOMBRA
HERBÁCEAS

Ajuga reptans 'Atropurpurea'
Ajuga-acobreada

Família das lamiáceas (*Labiatae / Lamiaceae*)

Perfeita para criar contraste nos canteiros, por conta de suas folhas que mesclam tons purpúreo-acobreado-escuro e verde-oliva-acobreado, esta é uma das ajugas mais populares. Também vai bem sob a copa de arbustos, como bordadura em canteiros mistos, junto com outras espécies de pequeno porte, em vãos de escadas ou entre pedras. Suas folhas, que medem de 3 cm a 5 cm de comprimento, se desenvolvem em forma de roseta, a partir de um caule muito curto, rente à superfície do solo, e são encobertas por uma fina pelugem. As flores, por sua vez, despontam na primavera, agrupadas em inflorescências que mais parecem espigas no ápice de hastes bem longas, com entre 10 cm e 35 cm de altura. A ajuga-acobreada deve ser cultivada de preferência à meia-sombra, mas também pode ser mantida sob sol pleno, especialmente em locais muito frios – só que nesse caso as regas devem ser diárias. Ela tem ramos longos, com até 1 m de comprimento, 15 cm de altura e é nativa de toda a Europa; da região do Cáucaso, do Irã e da Turquia, na Ásia; e da Argélia e da Tunísia, no norte da África. No Brasil, pode ser cultivada em áreas de clima subtropical e tropical de altitude, em solo rico em matéria orgânica e úmido. A reprodução é por divisão da planta, pelas mudas que despontam dos ramos e, mais dificilmente, por sementes.

GUIA DE PLANTAS PARA
USO PAISAGÍSTICO VOLUME 3

Ajuga reptans 'Burgundy Glow'

Ajuga-multicolorida, ajuga-tricolor

**Família das lamiáceas
(*Labiatae / Lamiaceae*)**

Com características similares às da *Ajuga reptans* 'Atropurpurea', este cultivar se diferencia pela folhagem multicolorida, uma mescla de verde-claro-acinzentado, vermelho e púrpura com bordas cor de creme.

Alocasia Amazonica

Alocásia-poly, punhal-malaio

Família das aráceas (*Araceae*)

As folhas grandes e em formato de coração desta planta, que exibem um belo tom verde-avermelhado na parte de baixo e verde-escuro-metálico na face de cima, são o resultado do cruzamento de duas outras variedades de alocásia: a *Alocasia longiloba* e a *Alocasia sanderiana*. Elas têm nervuras acentuadas, de colorido verde-claro-prateado, e bordas onduladas no mesmo tom. A espécie pode ser cultivada em vasos ou canteiros à meia-sombra ou à sombra e mede até 1 m de altura. É característica de clima tropical quente e úmido, não tolerante ao frio subtropical, e aprecia solo rico em matéria orgânica e mantido úmido. A reprodução é por divisão da planta.

Alocasia cucullata
Inhame-chinês

Família das aráceas (*Araceae*)

Syn.: *Alocasia rugosa; Arum cucullatum; Caladium colocasia; C. cucullatum; C. rugosum; Colocasia cochleata; C. cucullata; C. rugosa; Panzhuyuia omeiensis*

Muito cultivado em templos budistas – pois segundo a crença traz boa sorte e proteção –, o inhame-chinês fica lindo quando plantado sozinho, como planta de destaque; em grupos, em canteiros amplos; e como bordadura, sempre à meia-sombra. Também se desenvolve bem em ambientes internos bem iluminados. Seu principal atrativo são as folhas verde-escuro-brilhantes e em forma de coração. Com porte máximo de 70 cm de altura, ele é nativo das regiões Sul e Sudeste da China, de Taiwan, da Índia, do Nepal e da Indo-China. No Brasil, adapta-se aos climas subtropical e tropical, e deve ser plantado em solo rico em matéria orgânica, bem drenado e mantido úmido. Reproduz-se por divisão de rizomas ou mudas que surgem ao lado da planta-mãe.

Alocasia wentii
Inhame-branco

Família das aráceas (*Araceae*)

De tão vigoroso, o inhame-branco chega até mesmo a ser um pouco invasivo com o passar dos anos. Mas não é nada que comprometa seu cultivo – até porque as folhas vistosas, de até 30 cm de comprimento e em forma de coração, criam um efeito e tanto nos canteiros com seu tom verde-escuro com nuances azuladas na parte superior e um belo colorido arroxeado metálico na face inferior. A inflorescência ereta é composta por uma grande espata esverdeada de até 16 cm de comprimento que envolve um espádice róseo-esbranquiçado. O inhame-branco pode ser cultivado agrupado em beiras de grandes canteiros, ao longo de caminhos e também em vasos, sendo ideal para varandas ou jardins de inverno. Deve ser mantido sempre à meia-sombra, em solo rico em matéria orgânica, bem drenado e úmido. Ele é nativo da Nova Guiné, típico de clima tropical úmido e tolerante ao frio subtropical em regiões onde não ocorrem geadas. Pode medir até 1 m de altura e reproduz-se por divisão de touceira, junto com um segmento do rizoma.

Alpinia vittata
Gengibre-variegado

Família das zingiberáceas (*Zingiberaceae*)

Syn.: *Alpinia sanderae; Alpinia tricolor; Guillainia vittata*

Esta espécie tem nas folhas elípticas e compridas, de coloração verde-escura e com manchas esbranquiçadas, seu principal trunfo para deixar os jardins mais bonitos. Elas brotam em hastes, similares às das canas, que medem até 1,5 m de altura e são ideais para compor renques ao longo de muros e cercas. Podem ainda ser plantadas isoladas ou em grupo, sempre à meia-sombra. As flores, por sua vez, se agrupam em inflorescências espigadas dotadas de brácteas verdes com nuances róseas. Nativo de Papua-Nova Guiné e ilhas vizinhas – Arquipélago de Bismarck – até as ilhas Salomão, o gengibre-variegado é típico de clima tropical quente e úmido, não tolerante ao frio. O solo deve ser rico em matéria orgânica e mantido úmido, e a reprodução é por divisão de touceira.

Anthurium andraeanum

Antúrio, antúrio-de-flor

Família das aráceas (*Araceae*)

Syn.: *Anthurium andraeanum* var. *divergens*; *Anthurium venustum*

Muito cultivado em vasos, decorando interiores bem iluminados, o antúrio também pode ser plantado em canteiros à meia-sombra no jardim, seja isolado ou em grupos. Seu principal atrativo são as inflorescências, que despontam sem parar durante o ano todo e são compostas de um espádice esbranquiçado e uma espata colorida – o tom depende muito da variedade da planta, já que por meio de cruzamentos e melhoramentos genéticos foram desenvolvidos dezenas de cultivares. As folhas têm formato de coração, são muito ornamentais e verde-escuro-brilhantes. Conforme o cultivar, o antúrio pode medir de 30 cm a 1 m de altura. Ele é nativo da Colômbia e do Equador, característico de clima tropical quente e úmido, não tolerante ao frio. O solo deve ser rico em matéria orgânica, bem drenado, aerado e mantido constantemente úmido. Já a reprodução se dá por segmentos do caule na forma de estaquia ou por mudas que nascem ao redor da planta-mãe.

Asparagus densiflorus 'Myersii'
Aspargo-pluma, aspargo-rabo-de-gato

Família das asparagáceas (*Liliaceae / Asparagaceae*)

Os ramos longos, eretos e cilíndricos, cobertos por minúsculos folíolos verde-limão, fazem do aspargo-rabo-de-gato uma escultura viva. Não à toa são o principal atrativo da espécie – sobrepondo-se às florzinhas brancas, que despontam principalmente no verão, e aos frutinhos vermelhos, que se formam no outono. A espécie pode ser cultivada em vasos ou no canteiro como planta de destaque, sempre à meia-sombra. Mede até 50 cm de altura, é nativa da África do Sul e típica de clima subtropical, tolerante ao calor tropical de altitude. O solo deve ser rico em matéria orgânica, bem drenado e mantido úmido. A reprodução se dá por divisão de touceiras.

Asplenium nidus
Asplênio, ninho-de-passarinho

Família das aspleniáceas (*Aspleniaceae*)

Syn.: *Asplenium australasicum*; *A. ficifolium*; *A. nidus* var. *nidus*; *Neottopteris australasica*; *N. mauritiana*; *N. musaefolia*; *N. nidus*; *N. rigida*

Uma das samambaias mais cultivadas no mundo, o asplênio tem frondes grandes e em forma de lança que, no hábitat da espécie, podem chegar a 1,5 m. No entanto, no cultivo doméstico – principalmente em vasos –, costuma ter apenas metade desse tamanho. Elas são verde-maçã com a nervura central marrom-escura e saliente, têm bordas onduladas e nascem diretamente do rizoma, formando uma roseta escultural. O asplênio pode ser cultivado em vasos, compondo maciços, ou nos troncos de árvores, à meia-sombra ou à sombra. Por ser originário da Indochina, do sudeste asiático, da Austrália e da parte oriental da África e de Madagáscar, é característico principalmente de clima tropical, mas também ocorre em algumas regiões da Ásia com clima subtropical, como Taiwan e sul do Japão. O solo deve ser rico em matéria orgânica, solto, bem drenado e mantido úmido. Já a reprodução se dá por esporos ou por divisão da planta.

Begonia (Rex Cultorum Group)

Begônia-rex

Família das begoniáceas (*Begoniaceae*)

Nenhuma espécie de begônia é tão cultivada no mundo quanto a begônia-rex. Pudera: por meio de cruzamentos, os hibridadores conseguiram criar uma variedade tão grande de cultivares que fica até difícil quantificá-los – mas o número certamente passa dos 500. Todos eles têm como principal atrativo as folhas vistosas e coloridas, porém, conforme a variedade da herbácea, as lâminas podem ter formato e textura diversos – algumas são extremamente recortadas e outras aveludadas. O porte da planta como um todo também varia bastante. Já as inflorescências, que despontam no alto de longas hastes, não têm valor ornamental. As begônias-rex podem ser cultivadas em vasos, em locais protegidos como varandas, ou em canteiros à meia-sombra, sempre resguardadas de ventos fortes. Medem até 40 cm de altura e têm rizomas robustos que se desenvolvem acima da superfície do solo. Adaptam-se bem aos climas tropical e subtropical, e devem ser cultivadas em solo rico em matéria orgânica, solto, bem drenado e mantido úmido. A reprodução é por divisão de segmentos dos rizomas e por enraizamento das folhas.

Caladium bicolor (Hybrid Group)

Tinhorão, caládio, coração-de-Jesus

Família das aráceas (*Araceae*)

Desenvolvidos a partir do *Caladium bicolor*, as centenas de cultivares de tinhorão impressionam pelo colorido exuberante de suas folhas manchadas e em forma de coração, com cerca de 30 cm de comprimento. Em algumas os desenhos até lembram pinceladas. Com cerca de 60 cm de altura, a herbácea é ideal para o plantio em canteiros e em vasos à meia-sombra, e suas flores despontam em inflorescências bem compridas, porém pouco vistosas. No inverno, a planta entra em dormência e a parte aérea perece, voltando a brotar na primavera. O tinhorão é nativo da região amazônica e da Mata Atlântica do Brasil, típico de clima tropical quente e úmido, tolerante ao frio subtropical de baixa altitude ou litorâneo. O solo deve ser rico em matéria orgânica, bem drenado e mantido sempre úmido. Reproduz-se por sementes ou segmentos fatiados dos tubérculos.

Chrysothemis pulchella

Flamingo-negro, begônia-negra

Família das gesneriáceas (*Gesneriaceae*)

Syn.: *Alloplectus melittifolius; Besleria pulchella; B. umbellata; Chrysothemis aurantiaca; C. melissifolia; Cyrtandromoea minor; Episcia pulchella; Skiophila pulchella; Tussacia pulchella; T. woodsonii*

O flamingo-negro é a planta certa para quem faz questão de ter flores até mesmo nos canteiros sombreados. É que, durante a primavera e o verão, suas belas flores amarelas protegidas por um cálice vermelho-alaranjado despontam em meio à folhagem verde-petróleo-acobreada, criando um contraste impressionante. As flores duram apenas dois ou três dias, mas o cálice perdura por um longo período e continua exibindo um alegre colorido. Nas demais estações, a ornamentação fica por conta das folhas lanceoladas com nervuras bem acentuadas, bordas serrilhadas e superfície áspera. Ideal para o cultivo em canteiros mistos junto com outras plantas, a herbácea também pode ser usada para formar bordaduras ou ser plantada em vasos e jardineiras à meia-sombra ou à sombra. Em regiões de clima mais ameno, ela perde totalmente a parte aérea quando entra em dormência, a partir de meados do outono, mas rebrota na primavera. Nativa da América Central, região do Caribe e norte da Amazônia, incluindo o Brasil, a espécie mede até 45 cm de altura e é característica de clima tropical quente e úmido, não tolerante ao frio. Aprecia solo rico em matéria orgânica, bem drenado e mantido úmido, e a reprodução se dá por sementes, divisão dos tubérculos ou estaquia.

Clivia miniata
Clívia

Família das amarilidáceas (*Amaryllidaceae*)

Syn.: *Clivia miniata* var. *flava*; *C. sulphurea*; *Himantophyllum miniatum*; *Imantophyllum miniatum*; *Imatophyllum atrosanguineum*; *I. miniatum*; *Vallota miniata*

Esta é outra espécie que provoca um escândalo na primavera, enchendo os canteiros sombreados de cor. Afinal, é nesse período que despontam suas inflorescências grandes, que agrupam vistosas flores alaranjadas e campanuladas, cada uma com cerca de 7 cm de comprimento. A folhagem também é muito ornamental, com as folhas longas, estreitas e de consistência suculenta nascendo em forma de leque e exibindo um colorido verde-escuro-brilhante. A clívia pode ser usada para compor grandes maciços em forma de forração, bordar canteiros ou ser plantada ao longo de caminhos, em jardineiras ou em vasos. Além disso, é essencial mantê-la abrigada de ventos fortes e geadas, pois, se for danificada pelas intempéries, pode levar de um a dois anos para se recuperar. Originária da África do Sul, a clívia mede até 40 cm de altura e todas suas partes são tóxicas. Ela prefere o clima subtropical, mas tolera bem o tropical serrano, desde que plantada em solo rico em matéria orgânica, bem drenado e mantido úmido. Reproduz-se por sementes ou divisão de touceiras.

Ctenanthe burle-marxii
Maranta-zebrada

Família das marantáceas (*Marantaceae*)

Syn.: *Ctenanthe burle-marxii* var. *obscura*

Parece até que os desenhos nas folhas da maranta-zebrada foram feitos à mão tal o grau de detalhes. Sobre as lâminas ovaladas com as pontas quase retas, faixas oblíquas verde-escuras surgem em meio ao verde-claro-acinzentado predominante. O verso da folha, por sua vez, é vermelho-arroxeado. As inflorescências têm pouco mais de 7 cm de comprimento e são compostas de brácteas esverdeadas dispostas de forma espigada, envolvendo minúsculas flores brancas. A espécie pode ser cultivada em vasos, em jardineiras ou compondo maciços em forma de forração, sempre à meia-sombra. Endêmica do Brasil, mais especificamente do estado do Espírito Santo, ela tem 30 cm de altura e é característica de clima tropical quente e úmido, não tolerante ao frio. O solo deve ser rico em matéria orgânica e mantido úmido, e a reprodução se dá por divisão da planta.

Ctenanthe burle-marxii 'Amagris'

Maranta-zebrada-prateada

Família das marantáceas (*Marantaceae*)

Com folhas verde-acinzentadas com nervuras verde-escuras e a face inferior vermelho-arroxeada, esta maranta é uma mutação natural da espécie *Ctenanthe burle-marxii*, apresentada na página 21. Suas lâminas são ligeiramente maiores – medem cerca de 10 cm de comprimento –, mas seu uso no paisagismo e necessidades de cultivo são os mesmos.

Ctenanthe setosa
Maranta-cinza, tenante

Família das marantáceas (*Marantaceae*)

Syn.: *Maranta secunda*; *M. setosa*; *Myrosma setosa*; *Phrynium hirsutum*; *P. setosum*; *P. thyrsiflorum*; *Stromanthe setosa*; *Thalia setosa*

Vigorosa e invasiva, a maranta-cinza costuma formar densas colônias com suas folhas lanceoladas de até 30 cm de comprimento. Enquanto a face superior delas mescla verde-escuro e verde-acinzentado, a inferior é vermelho-amarronzada. As inflorescências, por sua vez, são espigadas e não têm efeito ornamental. A espécie pode chegar a 1 m de altura e é indicada principalmente para decorar interiores bem iluminados ou varandas; formar grandes manchas nos canteiros; compor bordaduras; e até renques ao longo de muros e cercas, sempre à meia-sombra ou à sombra. Ela é endêmica do Brasil, onde ocorre nos estados do Ceará e da Bahia, em toda a região Sudeste, no Paraná e em Santa Catarina. Característica tanto de clima tropical como subtropical, aprecia solo rico em matéria orgânica, solto, bem drenado e mantido úmido. A reprodução é por divisão de touceiras ou novas mudas ao redor da planta-mãe.

Ctenanthe setosa 'Grey Star'

Maranta-cinza, maranta-estrela-cinzenta

Família das marantáceas (*Marantaceae*)

Desenvolvida a partir da *Ctenanthe setosa*, descrita na página 23, a maranta-estrela-cinzenta tem como principal diferencial o colorido: as folhas são predominantemente acinzentadas, com estrias finas verde-escuras. Seu porte também é um pouco maior que o da espécie-tipo, podendo chegar a 1,2 m de altura.

Cyclanthus bipartitus
Mapuá

Família das ciclantáceas (Cyclanthaceae)

Syn.: *Cyclanthus bifolius*; *C. bipartitus* var. *gracilis*; *C. Cristatus*; *C. Plumieri*; *Discanthus odoratus*

As folhas do mapuá são grandes – medem até 90 cm de comprimento –, verde-claras, e exibem um curioso aspecto amarrotado. Além disso, com a idade, desenvolvem um recorte profundo nas pontas e ficam bipartidas. Elas nascem desde a base formando densas touceiras, o que faz da espécie uma ótima opção para a formação de renques ao longo de muros e cercas. Pode ainda ser cultivada em grupos, sempre à meia-sombra, ou em vasos decorando interiores bem iluminados e varandas. Originária desde o estado de Chiapas, no sul do México; da América Central; do centro-oeste do Brasil; e, principalmente, das margens dos igarapés da Amazônia, a herbácea rizomatosa pode passar dos 2,4 m de altura e aprecia clima tropical, não tolerando o frio. O solo deve ser rico em matéria orgânica, bem drenado e mantido úmido. Já a reprodução é por divisão de touceiras.

Davallia fejeensis
Renda-portuguesa, samambaia-pé-de-coelho

Família das davaliáceas (*Davalliaceae*)

Considerada uma das mais antigas e belas samambaias, a renda-portuguesa chama a atenção pelo aspecto delicado de suas frondes triangulares, de até 60 cm de comprimento, que de tão recortadas ganham a aparência de renda. Elas são sustentadas por estipes – que no reino das samambaias são o equivalente aos pecíolos – de até 22 cm de comprimento, que se desenvolvem diretamente dos rizomas vigorosos e densamente encobertos por pelugem. No inverno, é comum as folhas secarem e caírem, especialmente quando a planta é cultivada em climas mais amenos. É a época ideal para propagar a espécie, que pode ser cultivada em vasos, em jardineiras ou compor maciços em canteiros à meia-sombra. A renda-portuguesa é epífita e tem rizomas longos, de até 1,20 m de comprimento, que se desenvolvem nos galhos de árvores de casca grossa e rugosa e em fendas de rochas cobertas de musgo. Nativa das ilhas Fiji, é característica de clima tropical, tolerante ao frio subtropical de baixa altitude onde não ocorrem geadas. O solo deve ser rico em matéria orgânica, solto, bem drenado e mantido constantemente úmido. Reproduz-se por esporos ou por divisão de segmentos do rizoma.

Dianella tasmanica 'Variegata'
Dianela

**Família das xantorreáceas
(*Liliaceae / Phormiaceae / Xanthorroeaceae*)**

Syn.: *Dianella archeri; D. densa; D. divaricata* f. *dentifera;
D. hookeri; D. tasmanica* var. *gigantea;
D. tasmanica* f. *laevis; D. tasmanica* var. *variegata*

Durante boa parte do ano, a dianela ornamenta os canteiros com suas folhas longas, estreitas, recurvadas, de até 60 cm de comprimento, que nascem em tufos e exibem um belo colorido verde-acinzentado com as bordas esbranquiçadas. Em meados da primarvera e durante todo o verão, no entanto, a espécie fica ainda mais interessante graças às flores que despontam no ápice de hastes finas e recurvadas. Estreladas e de aspecto translúcido, essas flores podem ser esbranquiçadas com nuances azuladas ou totalmente azuladas com anteras amarelas. No outono, surgem frutinhos azul-escuros vistosos que perduram por um longo período. A dianela pode ser cultivada em canteiros mistos, junto com outras espécies de plantas; em grupos; ou como bordadura, sempre à meia-sombra ou à sombra. Mede até 60 cm de altura, é originária do sul da Austrália e da Tasmânia e típica de clima subtropical, tolerante ao calor tropical de altitude. O solo pode ser arenoargiloso acrescido de matéria orgânica e regado sempre que estiver seco. Já a reprodução se dá por sementes ou por divisão de touceiras.

JARDIM À SOMBRA
HERBÁCEAS

Dichorisandra thyrsiflora

Trapoeraba-azul, dicorisandra

Família das comelináceas (*Commelinaceae*)

Syn.: *Stickmannia thyrsiflora*

Durante boa parte do ano, a trapoeraba-azul pinta os canteiros de azul com suas inflorescências espigadas, de até 20 cm de comprimento, repletas de pequenas flores de aspecto ceroso. Mas elas não são o único atrativo da planta: os caules, semelhantes aos das canas, agrupados em densas touceiras, e as folhas verde-escuro-brilhantes, que nascem diretamente dos nós nos caules, também contribuem para o efeito ornamental. A espécie pode ser cultivada compondo maciços e renques ao longo de muros e cercas, preferencialmente à meia-sombra. Mede até 1,8 m de altura e é endêmica da Mata Atlântica dos estados de Minas Gerais, Bahia e Rio de Janeiro. Típica de clima tropical quente e úmido, é tolerante ao frio subtropical de baixa altitude onde não ocorrem geadas e aprecia solo rico em matéria orgânica, solto, bem drenado e mantido úmido. A reprodução se dá por sementes, estaquia, divisão de touceiras e mudas que nascem ao redor da planta-mãe.

Dicksonia sellowiana

Samambaiaçu, xaxim

Família das dicsoniáceas (*Dicksoniaceae*)

Syn.: *Balantium karstenianum*; *B. Sellowianum*; *Dicksonia ghiesbreghtii*; *D. gigantea*; *D. karsteniana*; *D. lobulata*; *D. navarrensis*; *D. sellowiana* var. *karsteniana*; *D. spruceana*

Famoso por seu caule fibroso e espesso, conhecido como xaxim, o samambaiaçu é uma samambaia de grande porte que pode chegar aos 6 m de altura. Suas frondes, de até 2,40 m de comprimento, nascem em tufos no ápice do caule, o que confere à espécie visual similar ao de uma palmeira. De crescimento lento, ela é nativa do sul do México, na América do Norte; da América Central; e da América do Sul, onde ocorre na Venezuela, Colômbia, Bolívia, Paraguai, Argentina, Uruguai e as regiões Sul e Sudeste do Brasil. Característica tanto de clima tropical como subtropical, aprecia solo rico em matéria orgânica, solto, bem drenado e mantido úmido, e reproduz-se por esporos ou gemas, que surgem eventualmente na base do caule e devem ser separadas com um pedaço do tronco.

JARDIM À SOMBRA
HERBÁCEAS

Dieffenbachia 'Camilla'
Comigo-ninguém-pode

Família das aráceas (*Araceae*)

As folhas de centro branco-esverdeado e bordas verde-escuras fazem da comigo-ninguém-pode uma excelente espécie para iluminar canteiros sombreados. Elas são longas – medem 25 cm de comprimento – e ovaladas, bem mais interessantes que as inflorescências da espécie, que não têm valor ornamental. A herbácea, de até 80 cm de altura, é muito cultivada em vasos para decorar varandas ou interiores, além de ser agrupada em canteiros à meia-sombra ou à sombra. Típica de clima tropical, tolerante ao frio subtropical de baixa altitude onde não ocorrem geadas, deve ser plantada em solo rico em matéria orgânica, solto, bem drenado e úmido. Todas as partes da planta são tóxicas, e a reprodução se dá por segmentos do caule na forma de estaquia.

Dieffenbachia 'Compacta'
Comigo-ninguém-pode

Família das aráceas (*Araceae*)

Desenvolvido por complexos cruzamentos entre outros híbridos do mesmo gênero, este cultivar de comigo-ninguém-pode tem folhas de até 20 cm de comprimento com um belo colorido verde-escuro salpicado por manchas creme-esbranquiçadas. A hérbácea pode ser cultivada em vasos, decorando interiores bem iluminados ou varandas; ou plantada em canteiros, formando grupos à meia-sombra ou à sombra. Suas inflorescências não têm valor ornamental, e todas as partes da planta são muito tóxicas. Com até 45 cm de altura, a espécie é típica de clima tropical, tolerante ao frio subtropical de baixa altitude em regiões onde não ocorrem geadas. O solo deve ser rico em matéria orgânica, solto, bem drenado e mantido úmido. Já a reprodução se dá por segmentos do caule na forma de estaquia.

Goeppertia fasciata
Caetê-redondo

Família das marantáceas (*Marantaceae*)

Syn.: *Calathea fasciata; C. rotundifolia* var. *fasciata; Maranta borussica; M. fasciata; Phyllodes fasciata*

As folhas verde-claras com faixas verde-escuras bem acentuadas fazem do caetê-redondo uma planta capaz de pôr fim à monotonia de qualquer canteiro. Elas são grandes – passam dos 20 cm de comprimento – e apresentam um formato quase arredondado. As flores, por sua vez, não têm valor ornamental. Além de formar belos maciços à meia-sombra, a espécie pode ser cultivada em vasos para decorar interiores bem iluminados ou varandas. Ela mede até 30 cm de altura, é endêmica do estado da Bahia, típica de clima tropical quente e úmido, não tolerante ao frio. O solo deve ser rico em matéria orgânica, bem drenado e mantido constantemente úmido. Já a reprodução se dá por divisão de touceiras.

Goeppertia majestica
Jacundá, maranta-riscada

Família das marantáceas (*Marantaceae*)

Syn.: *Calathea gigas*; *C. imperialis*; *C. Majestica*; *C. ornata* var. *majestica*; *C. princeps*; *Maranta imperialis*; *M. majestica*; *M. princeps*; *Phyllodes princeps*

Assim como a maior parte das plantas da família das marantáceas, o jacundá tem folhagem extremamente ornamental e flores que passam despercebidas. Suas folhas em formato de lança e ligeiramente ovaladas são verde-escuras com listras esbranquiçadas e têm o verso vermelho-arroxeado. Porém, quando a espécie chega à idade adulta, esse desenho desaparece, as folhas triplicam de tamanho e passam a exibir um tom verde-metálico. Na fase juvenil, o jacundá pode ser cultivado em vasos, decorando interiores bem iluminados, ou formar maciços em canteiros amplos, sempre à meia-sombra. Vigorosa e entouceirada, a espécie é a maior do gênero *Goeppertia*, podendo chegar aos 2,5 m de altura. Ela é nativa da região amazônica do Brasil, Colômbia, Equador e Peru, típica de clima tropical quente e úmido, não tolerante ao frio. O solo deve ser rico em matéria orgânica, bem drenado e mantido constantemente úmido. Reproduz-se por divisão de touceiras.

Goeppertia makoyana
Calateia-pena-de-pavão

Família das marantáceas (*Marantaceae*)

Syn.: *Calathea makoyana; C. olivaris; Maranta iconifera; M. makoyana; M. olivaris; Phyllodes mackoyana*

Foi por conta do desenho de duas folhas, que lembra o das penas de um pavão, que esta espécie recebeu o nome popular de calateia-pena-de-pavão. Com cerca de 20 cm de comprimento, as folhas ovaladas são verde-claro-acinzentadas com manchas verde-petróleo. O verso apresenta o mesmo desenho, porém em tons avermelhados, e as flores não têm valor ornamental. A calateia-pena-de-pavão pode ser cultivada em vasos para decorar interiores bem iluminados, em jardineiras ou formar maciços à meia-sombra e à sombra. Ela atinge até 60 cm de altura, é endêmica do estado do Espírito Santo e típica de clima tropical quente e úmido, não tolerante ao frio. O solo deve ser rico em matéria orgânica, bem drenado e mantido constantemente úmido. Já a reprodução se dá por divisão de touceiras.

Goeppertia veitchiana 'Medallion'

Maranta-medalhão

Família das marantáceas (*Marantaceae*)

É nas folhas grandes e ovaladas, de base verde-escura e desenho semelhante a penas, com o contorno esbranquiçado, que está o grande atrativo da maranta-medalhão. A espécie, que pode chegar aos 50 cm de altura, pode ser cultivada em vasos para decorar interiores bem iluminados, em jardineiras ou formar maciços, sempre à meia-sombra. Típica de clima tropical quente e úmido, ela não tolera o frio e deve ser plantada em solo rico em matéria orgânica, bem drenado e mantido úmido. A reprodução é por divisão de touceiras.

Goeppertia zebrina

Calateia-zebra, maranta-zebra

Família das marantáceas (*Marantaceae*)

Syn.: *Calathea binotii; C. zebrina; C. zebrina* var. *binotii;
C. zebrina* var. *humilior; Endocodon zebrina; Maranta bicolor;
M. binotii; M. pulchella; M. zebrina; Phrynium bicolor;
P. pulchellum; P. zebrinum; Phyllodes zebrina*

Vigorosa e robusta, a calateia-zebra tem folhas que esbanjam charme: são ovaladas e grandes – podem ter até 45 cm de comprimento – e exibem um belíssimo tom verde-claro com faixas verde-petróleo. Como se não bastasse, a face superior da folha ainda é encoberta por uma fina pelugem de textura aveludada. As inflorescências, apesar de bonitas, ficam escondidas entre a folhagem. A espécie pode ser cultivada como bordadura; formando renques ao longo de muros; compondo maciços; ou em vasos decorando ambientes internos bem iluminados e varandas. Com porte máximo de 1 m, ela aprecia meia-sombra e é endêmica do Brasil – ocorre desde o estado da Bahia, na região Nordeste, até São Paulo, no Sudeste. O clima ideal é o clima tropical quente e úmido, mas a herbácea também tolera o frio subtropical de baixa altitude onde não ocorrem geadas. O solo, por sua vez, deve ser rico em matéria orgânica, bem drenado e mantido úmido. A reprodução se dá por divisão de touceiras.

Impatiens hawkeri (Hybrid Group)

Beijo-pintado, impatiens-Nova-Guiné

Família das balsamináceas (*Balsaminaceae*)

Syn.: *Impatiens herzogii*; *Impatiens linearifolia*; *Impatiens schlechteri*

A variedade de cores de suas pétalas – branco, laranja, salmão, vermelho, lilás, rosa e até bicolor – e o fato de elas despontarem praticamente o ano todo fazem com que os beijos-pintados tenham lugar garantido em canteiros e vasos à meia-sombra. As flores medem cerca de 5 cm de diâmetro e nascem nas pontas dos caules. Já as folhas – que também são ornamentais – têm formato elíptico ovalado, bordas serrilhadas e até 10 cm de comprimento. Conforme o cultivar, podem ser verde-claras, verde-escuras, verde com mesclas amarelas ou verde com nuances de vermelho-escuro-acobreado ou arroxeado. O beijo-pintado pode ser cultivado em vasos e jardineiras, como bordadura de caminhos ou formando maciços em canteiros, preferencialmente à meia-sombra. Ele mede até 50 cm de altura e é cultivado como bienal por perder o vigor com o tempo. Nativa de Papua-Nova Guiné e ilhas Salomão, na Oceania, a espécie é típica de clima tropical, tolerante ao frio subtropical. O solo deve ser rico em matéria orgânica, solto, bem drenado e mantido constantemente úmido. A reprodução normalmente é feita por meios vegetativos, em laboratório, mas também é possível obter mudas por estaquia.

Justicia scheidweileri
Camarão-rosa
Família das acantáceas (*Acanthaceae*)

Syn.: *Porphyrocoma lanceolata*

Não são as flores, mas sim as brácteas marrom-avermelhadas, as responsáveis pelo efeito exuberante que o camarão-rosa proporciona no jardim. Elas se agrupam em inflorescências de até 10 cm de comprimento e envolvem as pequenas flores arroxeadas, muito visitadas por beija-flores. As folhas também contribuem para o efeito ornamental com sua coloração verde-clara e nervuras bem demarcadas em tom prateado. A herbácea pode ser cultivada em vasos e jardineiras, compor maciços em forma de forração ou bordar canteiros e caminhos, sempre à meia-sombra. Endêmica do Brasil, onde ocorre nos estados de Minas Gerais, Espírito Santo e Rio de Janeiro, ela mede, no máximo, 40 cm de altura e é típica de clima tropical, não tolerante ao frio. O solo deve ser rico em matéria orgânica, bem drenado e mantido constantemente úmido. A reprodução é por sementes, por estaquia ou por mudas ao redor da planta-mãe.

Maranta arundinacea 'Variegata'
Araruta-variegada

Família das marantáceas (*Marantaceae*)

Syn.: *Maranta arundinacea* var. *arundinacea*;
M. arundinacea var. *indica*;
M. arundinacea f. *sylvestris*;
M. arundinacea var. *variegata*; *M. indica*;
M. ramosissima; *M. silvatica*; *M. sylvatica*;
M. tessellata var. *kegeljanii*; *Phrynium variegatum*

Quem diria que esta planta, a partir da qual é produzida a fécula de araruta, usada no preparo de biscoitos e bolos, poderia criar um efeito tão exuberante no jardim? Suas folhas longas e estreitas, de até 30 cm de comprimento, são verde-escuras, com manchas irregulares esbranquiçadas, e sustentadas por longos pecíolos. As inflorescências, por sua vez, nascem nas pontas de longas hastes e são curtas, espigadas e compostas de inúmeras e diminutas flores esbranquiçadas, sem valor ornamental. A araruta-variegada pode ser cultivada em vasos, como bordadura ou formando maciços, preferencialmente à meia-sombra – no sul do Brasil e em regiões serranas, onde o clima é mais ameno, também pode ser plantada sob sol pleno. Ela mede até 1,5 m de altura, é originária da América tropical – do México ao Brasil – e tolerante ao frio subtropical de baixa altitude onde não ocorrem geadas. O solo deve ser rico em matéria orgânica, solto, bem drenado e mantido úmido. A reprodução se dá por sementes e, mais facilmente, por divisão de touceira junto com parte do rizoma.

Maranta cristata
Maranta-bicolor, caeté
Família das marantáceas (*Marantaceae*)

Syn.: *Calathea bicolor; C. Kerchoveana; Goeppertia bicolor; Maranta bicolor; Thalia bicolor; T. colorata*

Ideal para compor maciços na forma de forração, a maranta-bicolor enche o jardim de textura com suas folhas de formato elíptico e ovalado que medem até 15 cm de comprimento. Elas exibem um tom verde-acinzentado como base para o curioso desenho franjado ao longo da nervura central, circundado por manchas verde-escuras. As flores, por sua vez, são brancas, insignificantes, e surgem no verão. A herbácea mede até 30 cm de altura e é endêmica do Brasil – ocorre desde o estado de Pernambuco, na região Nordeste, até São Paulo, no Sudeste, além dos estados de Goiás e Mato Grosso do Sul, na região Centro-Oeste. Característica de clima tropical, tolerante ao frio subtropical de baixa altitude onde não ocorrem geadas, deve ser plantada em solo rico em matéria orgânica, solto, bem drenado e mantido úmido. A reprodução é por sementes ou, mais facilmente, por divisão da planta, junto com parte do rizoma.

Maranta leuconeura 'Kerchoveana'

Maranta-pena-de-pavão

Família das marantáceas (*Marantaceae*)

Syn.: *Maranta leuconeura* var. *kerchoveana*

De formato elíptico e ovalado, as folhas desta maranta medem até 12 cm de comprimento e são verde-acinzentadas com manchas verde-escuro-amarronzadas, semelhantes a pinceladas. Elas são sustentadas por pecíolos curtos, que se desenvolvem formando uma densa touceira. As flores brancas, por sua vez, surgem no verão e são insignificantes. Muito ornamental, a espécie é ideal para compor maciços em forma de forração, sempre à meia-sombra. Mede até 30 cm de altura e é endêmica do Brasil – ocorre nos estados do Ceará e da Bahia, na região Nordeste; em toda a região Sudeste; e em Goiás e Mato Grosso do Sul, na região Centro-Oeste. Ela é característica de clima tropical, tolerante ao frio subtropical de baixa altitude onde não ocorrem geadas, e aprecia solo rico em matéria orgânica, solto, bem drenado e mantido úmido. Reproduz-se por sementes ou, mais facilmente, por divisão da planta, junto com parte do rizoma.

Ophiopogon japonicus
Grama-preta, grama-japonesa

Família das asparagáceas (*Liliaceae / Convallariaceae / Asparagaceae*)

Syn.: *Anemarrhena cavaleriei; Convallaria graminifolia; C. japonica; C. japonica* var. *minor; Flueggea anceps; F. angulata; F. japonica; Liriope gracilis; Mondo gracile; M. gracile* var. *brevipedicellatum; M. japonicum; M. longifolium; M. stolonifer; Ophiopogon argyi; O. chekiangensis; O. gracilis; O. gracilis* var. *brevipedicellatus; O. japonicus* var. *caespitosus; O. japonicus* var. *elevatus; O. japonicus* var. *umbrosus; O. merrillii; O. ohwii; O. stolonifer; Polygonastrum compressum; Slateria coerulea; S. japonica; Tricoryne acaulis; T. caulescens*

A grama-preta é uma planta tão versátil que vai bem em todo tipo de jardim: do clássico ao contemporâneo. Isso, somado à rusticidade e à capacidade de se adaptar a condições climáticas bem distintas, faz da espécie uma das mais cultivadas em todo o mundo. Suas folhas finas, longas e recurvadas medem até 40 cm de comprimento e exibem um belo tom verde-escuro-acobreado, quase negro. Elas se desenvolvem desde a base formando um denso tufo de aspecto delicado. No verão, despontam pequenas inflorescências espigadas, compostas de diminutas flores lilases, que depois geram frutinhos azul-arroxeados de até 5 mm de diâmetro. A grama-preta é amplamente cultivada como forração, principalmente sob a copa de árvores, mas também é muito comum seu uso nos vãos de escadas, como bordadura de canteiros e caminhos; e em canteiros mistos, junto com outras espécies. Nativa da Ásia – da região central da China até o Vietnã, na Indochina; da Coreia; e do Japão até as Filipinas –, ela vai bem em climas subtropical e tropical, podendo ser plantada sob sol pleno ou à meia-sombra. O solo pode ser arenoargiloso acrescido de matéria orgânica. Já a reprodução se dá por divisão de touceira.

Philodendron 'Imperial Green'
Filodendro-imperial-verde

Família das aráceas (*Araceae*)

Seja cultivado em vasos, em varandas e ambientes internos bem iluminados ou em canteiros, formando maciços, o filodendro-imperial-verde se destaca pela mistura de cores: enquanto as folhas mais velhas, de até 35 cm de comprimento, são verde-escuro-brilhantes, as novas brotações e as inflorescências exibem um belo tom avermelhado. De formato estreito e lanceolado, as folhas espessas e firmes têm bordas onduladas com uma faixa verde-clara bem fina, e são sustentadas por pecíolos robustos de até 25 cm de comprimento. A espécie de até 90 cm de altura é característica de clima tropical quente e úmido, não tolerante ao frio. O solo deve ser rico em matéria orgânica, solto, bem drenado e mantido úmido. Já a reprodução se dá por cultura de tecidos (meristema) ou por segmentos do caule em forma de estaquia.

Philodendron 'Imperial Red'

Filodendro-imperial-vermelho

Família das aráceas (*Araceae*)

Esta espécie tem praticamente as mesmas características do *Philodendron* 'Imperial Green', descrito na página 43. Diferencia-se basicamente pelo tamanho da folha, que é um pouco maior – pode chegar aos 40 cm de comprimento –, e por seu marcante tom marrom-avermelhado na fase juvenil e verde-escuro-acobreado na fase adulta. Os pecíolos também são marrom-avermelhados. Outra particularidade desse cultivar é o crescimento mais lento.

Philodendron martianum

Pacová, babosa-de-pau

Família das aráceas (*Araceae*)

Syn.: *Caladium crassipes*; *Caladium macropus*; *Philodendron cannifolium*

Nobre e escultural por conta de seu sistema foliar, o pacová tem folhas alongadas que podem medir até 50 cm de comprimento. Rígidas e espessas, elas são verde-escuras, ligeiramente brilhantes e sustentadas por pecíolos robustos de até 25 cm de comprimento. As inflorescências, por sua vez, são compostas por uma espata – um tipo de bráctea ou folha modificada – de 15 cm de comprimento que envolve as pequenas flores, agrupadas em um espádice. Essa espata tem a parte externa verde-amarelada, e a interna, esbranquiçada com a base vermelho-púrpura. O pacová é amplamente cultivado em vasos, principalmente para decorar interiores bem iluminados ou varandas. Também pode ser plantado no pé do tronco de uma árvore – ou fixado nos galhos, preferencialmente nas forquilhas; e em canteiros, como planta de destaque ou em grupos. De crescimento lento e hábito semelhante ao de uma trepadeira, a espécie pode passar de 1,5 m de comprimento e aprecia meia-sombra. Rústica e muito versátil, eventualmente pode crescer sobre rochas e também no solo. Ela é endêmica das encostas da Mata Atlântica e matas de restingas do Brasil – mais especificamente dos estados do Rio de Janeiro e São Paulo, no Sudeste, e de Santa Catarina, no Sul –, característica de clima tropical quente e úmido, tolerante ao frio subtropical de baixa altitude onde não ocorrem geadas. O solo deve ser rico em matéria orgânica, solto, bem drenado e mantido úmido. A reprodução se dá por sementes ou por segmentos do caule em forma de estaquia.

Philodendron xanadu
Filodendro-xanadu
Família das aráceas (*Araceae*)

As folhas cheias de recorte deste filodendro são ideais para acrescentar textura ao paisagismo. Com cerca de 40 cm de comprimento, elas são espessas, exibem um belo tom verde-escuro-brilhante, com a nervura central mais clara, e são sustentadas por longos pecíolos que se desenvolvem em forma de roseta a partir de um caule curto. As inflorescências, por sua vez, são compostas de uma espata – ela tem a parte externa na cor vinho e a interna branca – que envolve um eixo cilíndrico onde se agrupam as pequenas flores brancas. Ideal para o cultivo em vasos ou em canteiros, formando maciços, o filodendro-xanadu deve ser mantido sempre à meia-sombra. De origem incerta – acredita-se que seja nativo da região Sul do Brasil e do Paraguai –, pode chegar a 1,5 m de altura e é característico de clima subtropical, tolerante ao calor tropical de altitude. O solo deve ser rico em matéria orgânica, bem drenado e mantido úmido. Já a reprodução é por sementes ou divisão da planta.

Pilea cadierei
Planta-alumínio, pileia

Família das urticáceas (*Urticaceae*)

Graças a seu sistema foliar denso, a planta-alumínio proporciona um exuberante efeito tropical no jardim. Suas folhas de até 7 cm de comprimento têm formato elíptico ovalado, exibem um belo tom verde-escuro-azulado com manchas prateadas entre as nervuras e se desenvolvem nos nós ao longo dos caules de aspecto suculento. A espécie também produz pequenas inflorescências globosas, mas elas não têm valor ornamental. Ideal para o plantio em vasos e jardineiras, onde apresenta hábito mais ou menos pendente, ou para a formação de maciços em canteiros, a herbácea de até 40 cm de altura aprecia meia-sombra. Nativa do sul da China e do Vietnã, vai bem tanto em clima tropical quanto subtropical e aprecia solo rico em matéria orgânica, bem drenado e úmido. A reprodução é por estaquia ou por divisão da planta.

Pilea nummulariifolia
Dinheiro-em-penca

Família das urticáceas (*Urticaceae*)

Syn.: *Adicea nummulariifolia*; *Pilea nummulariifolia* var. *nummulariifolia*; *Urtica nummulariifolia*

Foram as folhas pequeninas, que mais parecem moedas, que inspiraram o nome popular desta herbácea. Ligeiramente ovaladas, elas medem cerca de 2 cm de comprimento e são verde-escuro-brilhantes, encobertas por pelugem. As flores, que despontam nas pontas dos ramos finos e delicados, são pequenas e sem valor ornamental. O dinheiro-em-penca pode ser cultivado tanto como forração quanto como planta pendente em vasos e jardineiras, sempre à meia-sombra. Embora seus ramos passem dos 30 cm de comprimento, a planta costuma ter apenas 10 cm de altura. Nativa da Venezuela e do Peru, na América do Sul, e das ilhas do Caribe, é típica de clima tropical quente e úmido, tolerante ao frio subtropical de baixa altitude em regiões onde não ocorrem geadas. O solo deve ser rico em matéria orgânica e mantido úmido, e a reprodução pode ser feita pela ramagem enraizada ou por estaquia.

Plectranthus scutellarioides
Coleu, coração-magoado

Família das lamiáceas (*Labiatae / Lamiaceae*)

Syn.: *Calchas acuminatus; Calchas atropurpureus; Calchas crispipilus; Calchas scutellarioides; Coleus acuminatus; C. atropurpureus; C. blancoi; C. blumei; C. crispipilus; C. formosanus; C. gaudichaudii; C. gibbsiae; C. grandifolius; C. hybridus; C. × hybridus; C. igolotorum; C. ingratus; C. integrifolius; C. laciniatus; C. multiflorus; C. pubescens; C. pumilus; C. rehneltianus; C. savannicola; C. scutellarioides; C. secundiflorus; C. verschaffeltii; C. zschokkei; Germanea nudiflora; Majana acuminata; M. blancoi; M. grandifolia; M. multiflora; M. pumila; M. scutellarioides; M. secundiflora; Ocimum peltatum; O. scutellarioides; Perilla nankinensis; Plectranthus aromaticus; P. blumei; P. ingratus; P. laciniatus; P. nudiflorus; Solenostemon blumei; S. scutellarioides*

A variedade de cores e desenhos presentes nas folhas dos coléus é tão grande que eles são capazes de, sozinhos, pôr fim à monotonia dos canteiros. São centenas os cultivares da espécie desenvolvidos a partir de complexos cruzamentos e melhorias genéticas. Grande atrativo da herbácea, as folhas têm formato lanceolado, bordas denteadas, e são encobertas por uma fina pelugem de textura aveludada. Já as flores, que despontam no verão, são pequenas, tubulares, e se desenvolvem agrupadas no alto de uma haste espigada, nas pontas dos caules. Geralmente são cortadas ainda na fase de desenvolvimento, pois tiram a força da planta e a deixam com aspecto estiolado. Os coléus podem ser cultivados em vasos e jardineiras, como bordadura ou compondo maciços, preferencialmente à meia-sombra, embora também tolerem sol direto. Cultivados como bienal, têm porte que varia entre 18 cm e 1 m de altura, dependendo do cultivar. A espécie-tipo é nativa das províncias de Fujian, de Guangdon e Guangxi, no sul da China; de Taiwan, na região Leste da Ásia; da Índia; da Indochina, da Indonésia; e da Austrália, e característica tanto de clima tropical como subtropical. O solo deve ser rico em matéria orgânica, solto, bem drenado e mantido úmido. A reprodução se dá por sementes ou por estaquia.

Ruellia brevifolia
Pingo-de-sangue

Família das acantáceas (*Acanthaceaceae*)

Syn.: *Cyrtacanthus corymbosus;*
Echinacanthus dichotomus; Ruellia amoena;
R. graecizans; R. longifolia; R. serratitheca; R. ventricosa;
Stephanophysum brevifolium; S. longifolium;
S. longifolium var. *microphyllum;*
S. macrandrum; S. ventricosum

Cultivar o pingo-de-sangue é a garantia de ter flores vermelhas em canteiros à meia-sombra praticamente o ano inteiro. É que as pequenas flores tubulares da espécie despontam no topo de hastes longas quase que ininterruptamente, com maior intensidade no verão. De quebra, a herbácea ainda atrai borboletas e beija-flores para o jardim. As folhas em forma de lança medem cerca de 10 cm de comprimento e se desenvolvem nos nós dos caules. No inverno, elas apresentam aspecto desagradável e, por isso, é recomendável podar a planta para revigorá-la e estimular uma florada mais abundante. O pingo-de-sangue pode ser cultivado ao longo de muros e cercas ou agrupado em canteiros mistos, preferencialmente à meia-sombra. Nativo de grande parte da América do Sul – Brasil, Argentina, Paraguai, Bolívia, Colômbia, Equador e Peru –, mede até 1 m de altura e é característico tanto de clima tropical como subtropical. O solo pode ser rico em matéria orgânica e mantido úmido, e a reprodução é por sementes ou estaquia.

Ruellia makoyana

Planta-veludo

Família das acantáceas (*Acanthaceae*)

O nome popular da espécie não deixa dúvidas: seu principal atrativo são as folhas cobertas por um fino tomento. Com entre 4 cm e 5 cm de comprimento, elas são estreitas, alongadas e pontiagudas, e exibem um belo colorido verde-escuro-arroxeado com nervuras prateadas. As flores, por sua vez, são formadas por um tubo longo com cinco pétalas em tom magenta-vibrante, e despontam durante toda a primavera e o verão nas pontas dos caules, atraindo beija-flores. A planta-veludo pode ser cultivada em vasos e jardineiras, como pendente; como forração; ou entre pedras em canteiros, sempre à meia-sombra. Chega aos 20 cm de altura e, por ser originária da Mata Atlântica do Brasil, é característica de clima tropical quente e úmido, tolerante ao frio subtropical litorâneo ou de baixa altitude onde não ocorrezm geadas. O solo deve ser rico em matéria orgânica, solto, bem drenado e mantido úmido. Já a reprodução se dá por sementes, estaquia ou divisão da planta.

Seemannia sylvatica

Siníngia, semânia-pôr-do-sol-boliviano

Família das gesneriáceas (*Gesneriaceae*)

Syn.: *Achimenes albescens*; *Fritschiantha benaryi*; *F. cuneata*; *F. major*; *F. sylvatica*; *F. sylvatica* var. *aurea*; *F. sylvatica* var. *coccinea*; *F. uniflora*; *Gesneria adenantha*; *G. oxyphylla*; *G. quadrifolia*; *G. sylvatica*; *Gloxinia sylvatica*; *Seemannia albescens*; *S. benaryi*; *S. cuneata*; *S. latifolia*; *S. major*; *S. regnelliana*; *S. sylvatica*; *S. ternifolia*; *S. uniflora*

A siníngia é outra planta que enche o jardim de cor quando floresce. Só que suas flores não têm época certa para surgir: despontam em períodos indeterminados, com maior intensidade no verão. Elas são tubulares, encobertas por finos pelos, e têm a boca estreita. Chamam a atenção de longe por conta do tom avermelhado de suas pétalas – a garganta, no entanto, é amarelada e salpicada de pontinhos marrons. As folhas, por sua vez, são longas, estreitas, pontiagudas e encobertas por um fino tomento. A herbácea pode ser cultivada em vasos e jardineiras, como bordadura ou formando grandes maciços, preferencialmente à meia-sombra. É nativa desde a Bolívia até o sul da Argentina – principalmente da região andina – e típica de clima subtropical, tolerante ao calor tropical de altitude. Aprecia solo rico em matéria orgânica, solto, bem drenado e mantido úmido. Já a reprodução se dá por sementes ou pela divisão da planta junto com um pedaço do rizoma.

Spathiphyllum 'Domino'

Lírio-da-paz-variegado

Família das aráceas (*Araceae*)

Com características muito parecidas com as do *Spathiphyllum wallisii*, descrito na próxima página, este cultivar se diferencia pelas folhas, que exibem manchas esbranquiçadas ao longo das nervuras e têm a superfície rugosa.

Spathiphyllum wallisii
Lírio-da-paz, bandeira-branca

Família das aráceas (*Araceae*)

Muito usado na decoração de ambientes internos, o lírio-da-paz chama a atenção por conta de suas inflorescências grandes, que despontam isoladas no topo de hastes bem compridas. Elas são compostas por uma espata branca, de cerca de 15 cm, que envolve um eixo cilíndrico onde se agrupam as minúsculas flores. As folhas, por sua vez, são longas, ovaladas e verde-brilhantes. A espécie, que forma touceiras de até 70 cm de altura, pode ser cultivada em vasos e jardineiras, formar maciços ou bordaduras, sempre à meia-sombra. É originária da América Central e do norte da América do Sul e característica de clima tropical quente e úmido, não tolerante ao frio. O solo deve ser rico em matéria orgânica e mantido constantemente úmido. Reproduz-se por divisão das touceiras.

Strobilanthes dyeriana
Escudo-persa

Família das acantáceas (*Acanthaceae*)

Do formato ao colorido exótico e metalizado, tudo nas folhas do escudo-persa contribui para fazer da espécie uma planta extremamente ornamental. As lâminas de até 18 cm de comprimento têm formato elíptico ovalado, bordas serrilhadas e exibem, na fase juvenil, um acentuado tom róseo-arroxeado. Quando amadurecem, adquirem um colorido verde-claro-prateado com nuances róseo-arroxeados e nervuras bem acentuadas verde-escuras. No inverno, a folhagem ganha a companhia de inflorescências curtas e espigadas, onde se agrupam pequenas flores campanuladas e azuladas. No paisagismo, a espécie pode formar renques ao longo de muros e cercas, ser cultivada isolada ou em grupos em canteiros amplos, sempre à meia-sombra. Ela mede até 90 cm de altura, é originária de Myanmar e característica de clima tropical quente e úmido, não tolerante ao frio. O solo deve ser rico em matéria orgânica, bem drenado e mantido úmido. A reprodução é por estaquia.

Stromanthe thalia 'Triostar'

Maranta-sanguínea-tricolor, caetê-bravo-tricolor

Família das marantáceas (*Marantaceae*)

Com folhas longas, de até 45 cm de comprimento, que mesclam as cores verde, branca e marrom-avermelhado, esta herbácea, quando cultivada no jardim, se destaca naturalmente do verde predominante. Ela costuma medir entre 80 cm e 1 m de altura, formar densas touceiras e, na primavera, produz vistosas inflorescências vermelhas. A espécie pode ser cultivada em vasos, decorando interiores bem iluminados e varandas; em canteiros; ou bordando caminhos, sempre à meia-sombra. Nativa da Mata Atlântica do Brasil, é típica de clima tropical quente e úmido, tolerante ao frio subtropical de baixa altitude em regiões onde não ocorrem geadas. O solo deve se rico em matéria orgânica, bem drenado e mantido úmido. A reprodução se dá por divisão de touceiras ou estaquia.

Zingiber spectabile
Gengibre-magnífico

Família das zingiberáceas (*Zingiberaceae*)

De visual exótico e muito ornamental, as inflorescências do gengibre-magnífico mais parecem colmeias presas no topo de hastes compridas, com até 50 cm de altura. Elas despontam no verão e são compostas por inúmeras brácteas em forma de meia-lua que envolvem flores esbranquiçadas. A princípio essas brácteas são amarelas, mas, com o passar do tempo, vão ficando vermelhas. As folhas, por sua vez, são longas, estreitas, ligeiramente caneladas e verde-escuras. Elas nascem diretamente dos caules longos, semelhantes a canas. A herbácea forma touceiras vigorosas e pode ser cultivada isolada, em grupos ou formando renques, sempre à meia-sombra. Com até 2 m de altura, é originária da Malásia e típica de clima tropical quente e úmido, tolerante ao frio subtropical de baixa altitude, onde não ocorrem geadas. O solo deve ser rico em matéria orgânica e mantido úmido, e a reprodução é por divisão de touceira.

Ardisia crenata

Ardísia, ardísia-coral

Família das primuláceas (*Myrsinaceae / Primulaceae*)

Syn.: *Ardisia crenata* var. *crenata*; *A. crenata* subsp. *mouretii*; *A. crenulata*; *A. densa*; *A. elegans*; *A. glandulosa*; *A. konishii*; *A. kusukusensis*; *A. labordei*; *A. lentiginosa*; *A. lentiginosa* var. *rectangularis*; *A. linangensis*; *A. miaoliensis*; *A. mouretii*; *Bladhia crenata*; *B. crenata* var. *taquetii*; *B. crispa* var. *taquetii*; *B. Kusukusensis*; *B. lentiginosa*; *B. lentiginosa* var. *taquetii*; *B. lindleyana*; *B. punctata*; *Tinus densa*

Seja formando renques ao longo de muros ou cultivada em vaso, a ardísia pinta a paisagem de vermelho do verão até o inverno, época em que seus frutinhos despontam agrupados em cachos. Eles são o principal atrativo da espécie, uma vez que as flores róseas e ligeiramente perfumadas são pouco vistosas. Com 1,8 m de altura, o arbusto é nativo do Japão e típico de clima subtropical, tolerante ao calor tropical de altitude. Deve ser cultivado à meia-sombra, em solo rico em matéria orgânica e mantido úmido. A reprodução é por sementes ou estaquia.

Breynia disticha

Mil-cores, arbusto-de-neve

Família das filantáceas
(*Euphorbiaceae / Phyllanthaceae*)

Syn.: *Breynia axillaris*; *B. disticha* var. *genuina*; *B. disticha* var. *neocaledonica*; *B. disticha* f. *nivosa*; *B. disticha* var. *nivosa*; *B. nivosa*; *B. nivosa* var. *roseopicta*; *Melanthesa neocaledonica*; *M. neocaledonica* var. *forsteri*; *Phyllanthus atropurpureus*; *P. nivosus*; *P. nivosus roseopictus*; *P. roseopictus*; *P. roseus-pictus*; *P. sandwicensis* var. *hypoglaucus*

As manchas esbranquiçadas nas folhas deste arbusto criam a sensação de que ele foi salpicado por flocos de neve – daí ser chamado de arbusto-de-neve. Elas são o principal atrativo ornamental da espécie de até 1,2 m de altura, uma vez que as pequenas flores são insignificantes. A mil-cores pode ser cultivada em canteiros, isolada ou em grupos; formar renques ao longo de muros e cercas; e até bordar caminhos, sempre à meia-sombra. Ela é nativa das ilhas dos mares do sul, típica de clima tropical quente. O solo pode ser arenoargiloso acrescido de matéria orgânica e a reprodução é por estaquia.

Dracaena fragrans 'Janet Craig Compacta'

Dracena-compacta, dracena-anã

Família das asparagáceas (*Liliaceae / Agavaceae / Asparagaceae*)

Syn.: *Dracaena godseffiana; Nemampsis ternifolia; Pleomele godseffiana*

Escultural por natureza, a dracena-compacta se destaca por conta de seu denso sistema foliar, cujas folhas curtas e estreitas nascem diretamente do caule, praticamente desde a base. Elas são verde-escuras e eventualmente podem adquirir estrias longitudinais esbranquiçadas. Indicado para a formação de renques ao longo de muros, o arbusto também pode ser cultivado em grupos e até em vasos para decorar interiores ou varandas. Para que ele se ramifique, é importante podar o caule em até dois terços da altura – procedimento este que só deve ser feito quando a planta chegar à idade adulta. A dracena-compacta pode medir até 1 m de altura e é originária da África tropical. Típica de clima tropical, também tolera o subtropical de baixa altitude. O solo deve ser rico em matéria orgânica e mantido úmido, e a reprodução é por estaquia do caule.

Dracaena surculosa var. *maculata*
Dracena-confeti

Família das asparagáceas (*Liliaceae / Agavaceae / Asparagaceae*)

É na folhagem ovalada que está a beleza da dracena-confeti. As lâminas verde-escuras são salpicadas por pequenas manchas amarelo-esbranquiçadas que renderam à espécie o nome popular. As flores são insignificantes, mas os frutinhos que elas originam contribuem para a ornamentação, uma vez que são vermelhos e muito vistosos. O arbusto geralmente é cultivado em vasos ou em canteiros, formando maciços, sempre à meia-sombra. Com ramos bem finos e dispersos, mede até 1,5 m de altura, é nativo da África e típico de clima tropical. O solo deve ser rico em matéria orgânica e mantido úmido, e a reprodução é por estaquia.

Justicia aurea
Justícia-amarela, jabobínia-amarela

Família das acantáceas (*Acanthaceae*)

Syn.: *Adhatoda vellasquezii*; *Cyrtanthera aurea*; *C. aurea* var. *glaberrima*; *C. catalpifolia*; *C. densiflora*; *C. umbrosa*; *Ecbolium vellasquezii*; *Jacobinia aurea*; *J. catalpifolia*; *J. umbrosa*; *Justicia umbrosa*; *J. vellasquezii*

Rápida no crescimento e muito florífera, a justícia-amarela é uma ótima pedida para quem quer atrair beija-flores para o jardim: suas inflorescências, que surgem nas pontas dos ramos, são grandes e vistosas, de até 25 cm de comprimento, e despontam praticamente o ano todo, porém com maior intensidade na primavera e no verão. Elas são compostas por flores tubulares amarelas que contrastam com a folhagem verde da espécie. A herbácea pode ser plantada em canteiros, como pano de fundo para outras espécies; isolada; em grupos; ou formando renques ao longo de cercas e muros. Nativa do sul do México e de toda a América Central, ela mede até 2,5 m de altura e é típica de clima tropical úmido, tolerante ao frio subtropical de baixa altitude em regiões não sujeitas a geadas. O solo deve ser rico em matéria orgânica, bem drenado e mantido úmido. A multiplicação se dá por estaquia das pontas dos ramos, após a floração.

Medinilla magnifica
Medinila, uva-rosa
Família das melastomatáceas (*Melastomataceae*)

Como o próprio nome científico sugere, este arbusto tem uma florada magnífica: as longas inflorescências róseas e pendentes despontam na primavera e no verão e medem até 30 cm de comprimento. Ele pode ser cultivado em canteiros ou em vasos e, embora tenha crescimento lento, pode chegar aos 2 m de altura. Nativo das Filipinas e de Java, é característico de clima tropical, tolerante ao frio subtropical de baixa altitude ou litorâneo, onde não ocorrem geadas. O solo deve ser rico em matéria orgânica, bem drenado e mantido úmido. A reprodução se dá por sementes ou estaquia.

Megaskepasma erythrochlamys

Justícia-vermelha, capote-vermelho

Família das acantáceas (*Acanthaceae*)

    Muito indicada para compor maciços em grandes jardins, tanto à meia-sombra quanto sob sol pleno, a justícia-vermelha chama a atenção tanto por conta de sua folhagem verde-escura e ornamental quanto por causa das inflorescências vermelhas, que despontam na primavera e no verão. Espigadas e compostas por inúmeras florzinhas brancas, envoltas por brácteas avermelhadas, elas surgem acima da folhagem e são irresistíveis para os beija-flores. O arbusto de até 3 m de altura é originário da Venezuela e característico de clima tropical, tolerante ao frio subtropical de baixa altitude ou litorâneo. O solo deve ser rico em matéria orgânica e mantido úmido, e a reprodução é por estaquia.

Ruellia chartacea
Ruélia-vermelha, ruélia-do-Amazonas
Família das acantáceas (*Acanthaceae*)
Syn.: *Ruellia colorata*

Durante o verão e o outono, a ruélia-vermelha pinta os canteiros com o tom vibrante de suas inflorescências. Compostas por brácteas vermelhas e flores tubulares na mesma cor, porém com a garganta amarela, elas ainda são um convite à visita dos beija-flores. A espécie pode ser cultivada em vasos, isoladamente ou em grupos, sempre à meia-sombra, e mede até 80 cm de altura. É nativa da região amazônica – Brasil, Colômbia, Equador e Peru – e típica de clima tropical quente e úmido, tolerante ao frio subtropical de baixa altitude, onde não ocorrem geadas. O solo pode ser rico em matéria orgânica, bem drenado e mantido úmido, e a reprodução é por sementes ou estaquia.

Schefflera elegantissima
Arália, falsa-arália

Família das araliáceas (*Araliaceae*)

Syn.: *Aralia elegantissima*; *Dizygotheca elegantissima*; *D. faguetii*; *Plerandra elegantissima*; *Schefflera faguetii*

O visual deste arbusto muda conforme a maturidade de sua folhagem: na fase juvenil, as folhas são verde-acobreadas, escuras e brilhantes, com recortes acentuados nas bordas. Já quando adultas, adquirem um formato mais lanceolado e ficam esverdeadas. As inflorescências densas se formam no ápice dos ramos e são muito visitadas por abelhas. Usada principalmente para decorar interiores bem iluminados, a espécie também pode ser plantada no jardim isoladamente, em grupos ou formando renques ao longo de muros, sempre à meia-sombra. Nativa de Vanuatu, um grupo de ilhas no sudoeste do oceano Pacífico, mede até 5 m de altura e é típica de clima tropical, tolerante ao frio subtropical de baixa altitude, onde não ocorrem geadas. O solo deve ser rico em matéria orgânica e mantido úmido, e a reprodução é por filhotes que nascem ao redor da planta-mãe.

Stifftia fruticosa
Estíftia-vermelha

Família das asteráceas
(***Compositae / Asteraceae***)

Syn.: *Aristomenia fruticosa*;
Stifftia fruticosa var. *fruticosa*; *Stifftia grazielae*

A florada deste arbusto provoca um espetáculo no início da primavera. Suas inflorescências, que são muito visitadas por beija-flores e borboletas, apresentam dois estágios distintos. Na primeira fase, exibem flores tubulares amarelas que emergem do centro e são intensamente envoltas por outro tipo de flor, semelhante a pistilos vermelhos. Na maturidade, porém, o conjunto adquire a forma de um pompom esférico. As folhas são espessas, oblongas e lanceoladas, com um tom verde-escuro-brilhante. A estíftia-vermelha pode ser cultivada isoladamente ou em grupos, sempre à meia-sombra. Mede entre 4 m e 6 m de altura e é nativa das encostas da Mata Atlântica da região Sudeste do Brasil, típica de clima tropical quente e úmido. O solo deve ser rico em matéria orgânica e mantido úmido, e a reprodução é por sementes.

Areca vestiaria
Areca-dourada

Família das arecáceas (*Palmae / Arecaceae*)

Syn.: *Areca henrici*; *A. langloisiana*; *A. leptopetala*;
A. paniculata; *Drymophloeus vestiarius*;
Mischophloeus paniculatus; *M. vestiarius*; *Pinanga vestiaria*;
Ptychosperma paniculatum; *P. vestiarium*; *Seaforthia vestiaria*

O tom alaranjado do palmito e as curiosas raízes aéreas fazem com que esta palmeira chame muito a atenção, tanto quando cultivada no jardim quanto quando plantada em vasos, decorando varandas e ambientes internos. Suas folhas são grandes, de até 2 m de comprimento, e as inflorescências curtas e ramificadas se formam entre o caule e o palmito. Os frutos, por sua vez, são vermelhos, muito vistosos. De crescimento lento, a palmeira entouceirada pode medir de 3 m a 6 m de altura e permanecer em vasos durante a fase juvenil, devendo ser transplantada para o jardim posteriormente. Ela é nativa das ilhas Célebes e Molucas, no leste da Indonésia, característica de clima tropical quente e muito tolerante às condições litorâneas. No entanto, não suporta baixas temperaturas. Plante-a em solo arenoargiloso acrescido de matéria orgânica e mantido sempre úmido. A reprodução é por sementes.

Arenga caudata

Palmeirinha-rabo-de-peixe

Família das arecáceas (*Palmae / Arecaceae*)

Syn.: *Blancoa caudata*; *Borassus caudatus*; *Didymosperma caudatum*; *D. caudatum* var. *stenophyllum*; *D. caudatum* var. *tonkinense*; *D. caudatum* var. *tonkinensis*; *D. tonkinense*; *Wallichia caudata*

Usada principalmente para decorar varandas e ambientes internos, esta palmeira pode ser cultivada tanto em vasos quanto direto no solo, à meia-sombra ou sob sol pleno. Suas folhas têm as pontas com o desenho que lembra o rabo de um peixe, daí seu nome popular. As inflorescências eretas e não ramificadas despontam entre as folhas, e seus frutos são globosos e vermelhos. Com caules finos, de até 1,2 m de altura, a palmeira é originária do Vietnã e característica de clima tropical, tolerante ao frio de regiões subtropicais de baixa altitude. Aprecia solo rico em matéria orgânica e mantido úmido, e a reprodução pode ser feita por sementes ou pela divisão de touceiras densas.

Chamaedorea elegans
Palmeira-bambu

Família das arecáceas (*Palmae / Arecaceae*)

Syn.: *Chamaedorea deppeana; C. elegans* var. *angustifolia; C. helleriana; C. humilis; C. pulchella; Collinia deppeana; C. elegans; C. elegans* var. *angustifolia; C. humilis; Kunthia deppii; Neanthe bella; N. elegans; N. neesiana; Nunnezharia elegans; N. humilis; N. pulchella*

 Muito elegante, a palmeira-bambu pode ser cultivada em jardins de inverno; em vasos, decorando ambientes internos; ou no jardim, de forma isolada ou em grupo, sempre à meia-sombra. Suas folhas nascem aglomeradas no ápice do caule, enquanto as inflorescências são ramificadas, eretas e dispostas em hastes longas, quase sempre acima da folhagem. De caule único ou cespitoso, fino e ereto, a palmeira tem crescimento lento e atinge de 1 m a 2 m de altura. É originária de Guatemala, México e Belize, e típica de clima tropical de altitude, tolerante a temperaturas mais amenas. Aprecia solo rico em matéria orgânica e mantido úmido, e reproduz-se por sementes.

Chamaedorea metallica
Palmeirinha-metálica

Família das arecáceas (*Palmae / Arecaceae*)

Foram as folhas de aspecto metálico com nuances verde-azulado-brilhantes que renderam à *Chamaedorea metallica* o nome de palmeirinha-metálica. Com 30 cm de comprimento, suas lâminas nascem de forma ascendente e apresentam a ponta bifurcada. A espécie pode ser cultivada em vasos, decorando varandas e interiores, ou no jardim, de forma isolada ou formando maciços, sempre à meia-sombra. Ela apresenta caule único, mede entre 1 m e 2 m de altura e tem crescimento muito lento. Originária das encostas da região do Caribe mexicano, é típica de clima tropical quente e úmido, não tolerante ao frio subtropical. O solo deve ser rico em matéria orgânica, mantido úmido, e a reprodução é por sementes.

Licuala grandis
Licuala-grande, palmeira-leque

Família das arecáceas (*Palmae / Arecaceae*)

Syn.: *Pritchardia grandis*

São muitas as características que fazem da licuala-grande uma das palmeiras mais cultivadas em vasos em todo o mundo: além de crescer lentamente e apreciar meia-sombra, ela tem folhas grandes e em formato de leque que criam um efeito muito ornamental. Cada uma mede até 1 m de diâmetro. As inflorescências, por sua vez, são longas, pendentes e, nas plantas mais velhas, originam pequenos frutos vermelhos. A palmeira de caule único pode medir até 4 m de altura e é originária da Nova Guiné, na Oceania. Típica de clima tropical, não tolerante ao frio subtropical, aprecia solo arenoso ou arenoargiloso. A reprodução é feita por sementes.

Lytocaryum weddellianum
Palmeirinha-de-Petrópolis

Família das arecáceas (*Palmae / Arecaceae*)

Syn.: *Calappa elegantina; Cocos elegantissima; C. pynaertii; C. weddelliana; C. weddelliana* var. *pinaertii; Glaziova elegantissima; G. martiana; Lytocaryum weddellianum* var. *cinereum; L. weddellianum* var. *pinaertii; Microcoelum martianum; M. weddellianum; Syagrus weddelliana; S. weddelliana* var. *cinereus; S. weddelliana* var. *pinaertii; S. weddellianus* var. *pinaertii*

De folhagem elegante e delicada, com até 1 m de comprimento, esta palmeira é muito cultivada em vasos decorando interiores bem iluminados. No jardim, pode ser plantada isoladamente ou em conjuntos, sempre à meia-sombra. Endêmica das encostas íngremes de Mata Atlântica da região Sudeste do Brasil, ela tem caule único, pode chegar aos 3,5 m de altura e é característica de clima tropical úmido, não tolerante ao frio subtropical. Plante-a em solo rico em matéria orgânica e úmido. A reprodução é por sementes.

Pinanga coronata
Pinanga
Família das arecáceas (*Palmae / Arecaceae*)

Syn.: *Areca coronata; A. costata; A. oriziformis* var. *gracilis; Pinanga coronata* var. *teijsmannii; P. costata; P. kuhlii; P. kuhlii* var. *alba; P. kuhlii* var. *sumatrana; P. noxa; P. sumatrana; Ptychosperma album; P. coronatum; P. costatum; P. kuhlii; P. noxa; Seaforthia coronata; S. costata; S. kuhlii; S. montana; S. reinwardtiana*

Com caules anelados, que lembram muito os dos bambus, a pinanga é uma palmeira entouceirada que forma belos renques em jardins à meia-sombra. Durante a fase juvenil, porém, também pode ser mantida em vasos, decorando ambientes internos. Suas folhas de até 2 m de comprimento nascem no topo de um vistoso e dilatado palmito amarelo, enquanto a inflorescência, que brota abaixo dele, é protegida por uma bráctea vermelha e ornamental. Os frutos nascem vermelhos, mas escurecem com o passar dos dias. Com caules múltiplos e até 5 m de altura, a espécie é originária da Indonésia e da Malásia, e típica de clima tropical, tolerante ao frio subtropical de baixa altitude. Aprecia solo arenoargiloso, e a reprodução é por sementes.

Rhapis excelsa
Palmeira-rápis

Família das arecáceas (*Palmae / Arecaceae*)

Syn.: *Chamaerops excelsa*; *C. kwanwortsik*; *Rhapis aspera*; *R. cordata*; *R. divaricata*; *R. flabelliformis*; *R. kwamwonzick*; *R. major*; *Trachycarpus excelsus*

Por conta do crescimento lento, esta bela palmeira é cultivada principalmente em vasos, decorando varandas e outros ambientes à meia-sombra. Ela conta com múltiplos caules encobertos por fibra marrom, e suas folhas são em formato de leque. Muito entouceirada, a espécie, que pode chegar aos 3 m de altura, é originária do sul da China, característica de clima subtropical, tolerante ao calor tropical. Gosta de solo rico em matéria orgânica e úmido, e reproduz-se por sementes.

Jardins verticais

Quando os primeiros jardins verticais surgiram, houve quem pensasse que eles seriam uma moda passageira. Erraram feio! Com sua capacidade incomparável de levar o verde a ambientes compactos e ocultar os indesejáveis paredões que delimitam muitos jardins, eles caíram no gosto das pessoas e foram ganhando cada vez mais terreno. Hoje estão em todo tipo de lugar, inclusive em varandas e ambientes internos, onde a luz solar escassa faz da escolha das espécies um desafio adicional.

Se as opções de floríferas que se adaptam a essa condição são relativamente restritas, a variedade de folhagens é enorme, como você verá nas próximas páginas. Embora nem todas as plantas apresentadas neste livro apareçam ambientadas em jardins verticais, elas podem ser cultivadas desta forma, pois têm hábito pendente ou semipendente.

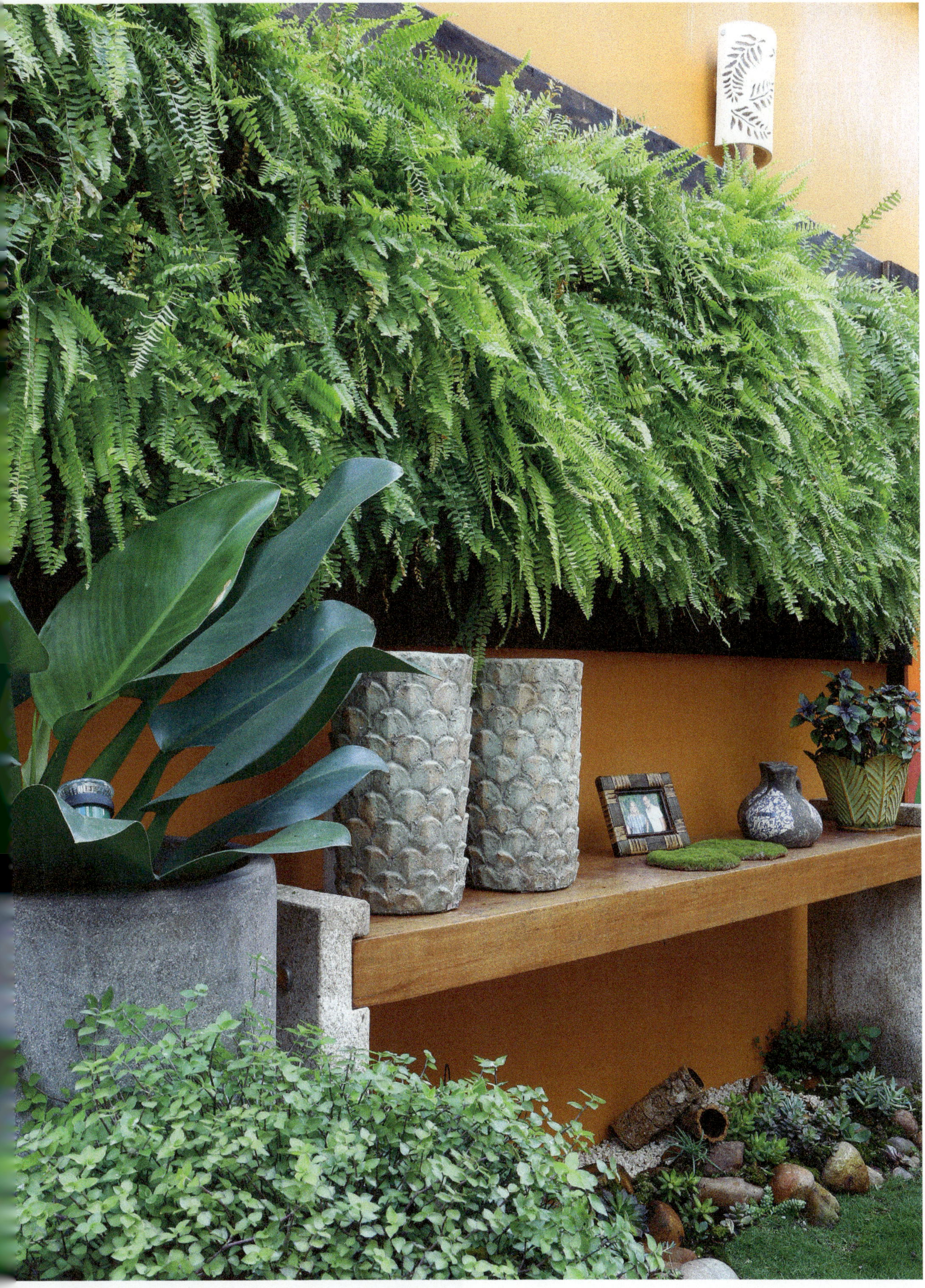

Abutilon megapotamicum 'Variegata'

Lanterninha-japonesa-variegada, sininho-variegado

Família das malváceas (*Malvaceae*)

Syn.: *Abutilon inflatum*; *Abutilon vexillarium*;
Periptera megapotamica; *Sida megapotamica*

    Considerada uma das mais belas plantas do gênero *Abutilon*, a lanterninha-japonesa-variegada dá um colorido todo especial aos jardins verticais com suas vistosas flores vermelhas pendentes que mais parecem pingentes. Elas surgem quase o ano inteiro – com mais intensidade no verão – e têm até 4 cm de comprimento. As folhas em forma de coração e manchadas de amarelo também ajudam na ornamentação. Além de enfeitar paredes verdes, a espécie de ramos longos pode ser cultivada como trepadeira, conduzida com a ajuda de amarrilhos em treliças e arquinho; ou plantada à beira de taludes e em jardineiras suspensas, como pendente. Ela é originária do estado do Rio Grande do Sul, no extremo sul do Brasil, e característica de clima subtropical, tolerante ao calor tropical de altitude. Deve ser mantida à meia-sombra, e o solo ideal é rico em matéria orgânica e úmido. A reprodução se dá por estaquia.

Aeschynanthus pulcher
Planta-batom

Família das gesneriáceas (*Gesneriaceae*)

Syn.: *Aeschynanthus beccarii*; *A. boschianus*; *A. javanicus*; *A. lamponga* var. *parvifolius*; *A. lampongus*; *A. lanceolatus*; *A. lobbianus*; *A. neesii*; *A. parvifolius*; *A. zollingeri*; *Trichosporum beccarii*; *T. javanicum*; *T. lampongum*; *T. lobbianum*; *T. parvifolium*; *T. pulchrum*; *T. zollingeri*

As flores tubulares e vermelhas, com até 4 cm de comprimento, e o cálice marrom-avermelhado ou verde mesclado de vermelho fazem da planta-batom um atrativo e tanto nas paredes verdes, por conta do contraste que criam com as folhagens cultivadas no entorno. Elas nascem agrupadas nas pontas dos ramos, entre o verão e o outono. Já as folhas verde-escuras da herbácea têm 6,5 cm de comprimento, formato elíptico, e são espessas. Ideal para ambientes à meia-sombra, a espécie também pode ser cultivada como pendente em vasos e jardineiras suspensas para valorizar seus ramos de mais de 1 m comprimento. Endêmica da ilha de Java, na Indonésia, ela é típica de clima tropical quente e úmido, não tolerante ao frio. O solo deve ser rico em matéria orgânica, aerado, solto e mantido úmido. A reprodução se dá por estaquia dos ramos mais densos e divisão da planta.

Aeschynanthus tricolor
Planta-batom

Família das gesneriáceas (*Gesneriaceae*)

Não bastasse suas flores exibirem um tom intenso de vermelho, esta planta-batom ainda lança mão de estrias mais escuras nas pétalas e de um vistoso cálice vermelho para se destacar em meio à folhagem. Suas inflorescências despontam do final do inverno até meados da primavera e são cobertas por pelos compridos. As folhas, por sua vez, são pequenas e espessas, têm formato de lança e nascem ao longo dos ramos pendentes de até 30 cm de comprimento. A espécie é ideal para jardins verticais, mas seu uso mais comum é como pendente, em vasos suspensos à meia-sombra. Nativa de Bornéu, uma grande ilha entre o sudeste asiático e a Austrália, a herbácea é típica de clima tropical quente e úmido, tolerante ao frio tropical de altitude. Aprecia solo rico em matéria orgânica, bem drenado e mantido úmido, e reproduz-se por estaquia dos ramos mais densos ou por divisão da planta.

Asparagus densiflorus 'Sprengeri'

Aspargo-pendente, aspargo-ornamental

Família das asparagáceas (*Liliaceae / Asparagaceae*)

Com cerca de 1,5 m de comprimento e aspecto muito delicado, os ramos do aspargo-pendente são ideais para criar volume nos jardins verticais. Durante boa parte do ano, eles ganham a companhia de diminutas flores brancas que, depois, geram frutinhos vermelhos muito apreciados por pássaros. Outra opção de uso da espécie no paisagismo é plantá-las em jardineiras ou vasos suspensos e nos beirais superiores de taludes, à meia-sombra. Originária da África do Sul, ela é típica de clima subtropical, tolerante ao calor tropical de altitude, e aprecia solo rico em matéria orgânica, bem drenado e mantido úmido. A reprodução se dá por sementes ou por divisão de touceiras.

Begonia bowerae

Begônia-preta

Família das begoniáceas (*Begoniaceae*)

Syn.: *Begonia bowerae* var. *major*; *Begonia bowerae* var. *nigramarga*; *Begonia bowerae* var. *roseflora*

    As folhas em forma de asa que mesclam verde-claro e verde-petróleo, quase negro, e ainda têm textura aveludada, fazem da begônia-preta uma ótima espécie para criar contraste nos jardins verticais. Elas são sustentadas por pecíolos compridos que despontam diretamente dos rizomas. As inflorescências, que brotam em meados do inverno e durante a primavera, também surgem em hastes longas, e são compostas por pequenas flores róseas e cerosas. Ideal para ambientes à meia-sombra, a herbácea também é indicada para o cultivo em vasos, sempre em locais abrigados das intempéries. Nativa do sul do México, ela é típica de clima tropical quente e úmido, tolerante ao frio subtropical de baixa altitude ou litorâneo, e deve ser cultivada em solo rico em matéria orgânica, bem drenado e regado sempre que estiver seco. Reproduz-se por estacas basais junto com um segmento do rizoma ou por divisão da planta.

Begonia 'Erythrophylla'
Begônia-redonda

Família das begoniáceas (*Begoniaceae*)

Considerada uma das begônias mais populares, esta herbácea tem folhas arredondadas e carnosas, de até 15 cm de diâmetro, com as bordas providas de pelos. Enquanto a face superior é verde-claro-brilhante, a inferior exibe um belo tom vermelho-amarronzado, que cria contraste com as nervuras salientes e esverdeadas. As pequenas flores róseas despontam na primavera, dispostas no alto de longas hastes ramificadas. Ideal para jardins verticais em varandas e ambientes internos bem iluminados, a begônia-redonda também pode ser plantada em vasos ou compor maciços em canteiros à meia-sombra, protegidos de ventos fortes. Típica de clima subtropical, tolerante ao calor tropical de altitude, ela não passa dos 20 cm de altura e aprecia solo rico em matéria orgânica, bem drenado e mantido úmido. A reprodução é por divisão da planta ou por segmentos do rizoma.

Callisia repens
Dinheiro-em-penca

Família das comelináceas (*Commelinaceae*)

Syn.: *Callisia repens* var. *ciliata*; *Callisia repens* var. *mandonii*; *Commelina hexandra* var. *mandonii*; *Hapalanthus repens*; *Spironema robbinsii*; *Tradescantia callisia*

Quando cultivado em jardins verticais ou em vasos pendentes, o dinheiro-em-penca chama a atenção por conta de seus ramos compridos, de até 50 cm de altura, cobertos por pequenas folhas de textura suculenta e um belo colorido verde-escuro-acinzentado. Eventualmente, despontam pequeninas flores brancas, sem importância ornamental. Nativa das Américas – desde o estado do Texas, nos Estados Unidos, até a Argentina –, a espécie, que também é muito usada para forrar canteiros e vasos, pode ser mantida sob sol pleno e à meia-sombra. É característica tanto de clima tropical como subtropical e aprecia solo rico em matéria orgânica e úmido. A reprodução é por divisão da planta.

Chlorophytum comosum 'Variegatum'
Clorofito, gravatinha

Família das asparagáceas (*Liliaceae / Asparagaceae*)

Embora o uso mais comum da gravatinha seja na formação de maciços ou como forração, a espécie também dá um show em jardins verticais com suas folhas delicadas e compridas, que formam tufos vistosos. Cada uma mede até 45 cm de altura e exibe um belo tom verde-claro com estrias brancas nas bordas. Nos períodos mais quentes do ano, a planta também produz pequenas flores estreladas e brancas – porém pouco vistosas –, que nascem nas pontas de longas hastes. Nativa da África tropical e subtropical, ela aprecia solo rico em matéria orgânica, solto, bem drenado e mantido úmido. A reprodução é por divisão de touceiras e pelas mudinhas destacadas das hastes florais.

Cissus alata 'Ellen Danica'
Hera-folha-de-carvalho

Família das vitáceas (*Vitaceae*)

Syn.: *Cissus Rhombifolia*

São as folhas ornamentais, com visual que lembra muito o das folhas dos carvalhos, as grandes responsáveis pelo sucesso dessa espécie, que pode tanto ser cultivada em jardins verticais e vasos pendentes quanto conduzida em arquinhos e treliças. Embora cresçam lentamente, os ramos da trepadeira podem chegar aos 3 m de comprimento e usam gavinhas para se prender às estruturas. Indicada para o cultivo à meia-sombra, a hera-folha-de-carvalho é originária da região norte da América do Sul e Caribe e característica de clima tropical, tolerante ao frio subtropical de baixa altitude. Prefere solo rico em matéria orgânica mantido úmido e reproduz-se por estaquia.

Codonanthe gracilis
Codonante

Família das gesneriáceas (*Gesneriaceae*)

Syn.: *Codonanthe picta; Codonanthe ventricosa; Columnea gracilis; Hypocyrta gracilis; Orobanche ventricosa*

Foi com a popularização dos jardins verticais que a espécie, até então pouco usada no paisagismo, começou a despertar o interesse dos jardinistas. O hábito pendente, as folhas verde-claras, carnosas e de textura cerosa, e as flores em forma de sino, que despontam durante o ano todo, fazem do codonante uma planta ideal para ornamentar paredes verdes. As flores nascem isoladas ou aos pares, medem cerca de 2 cm de comprimento e são compostas por cinco pétalas esbranquiçadas com a base da corola salpicada de manchinhas marrom-avermelhadas. Quando fertilizadas, geram pequenos frutos alaranjados, de até 11 mm de diâmetro. De hábito epífito, a espécie tem ramos vigorosos, de mais de 80 cm de comprimento, e é endêmica da Mata Atlântica do Brasil, onde ocorre na Bahia, no Espírito Santo, no Rio de Janeiro, em São Paulo e nos estados da região Sul. É característica tanto de clima tropical como subtropical e aprecia solo rico em matéria orgânica, solto, poroso, muito bem drenado e mantido úmido. A reprodução é por sementes, por estaquia ou por divisão da planta.

Columnea crassifolia
Columeia

Família das gesneriáceas (*Gesneriaceae*)

Syn.: *Columnea lindleyana; Columnea muenscheri; Columnea stenophylla*

Ninguém duvida que o principal atrativo da columeia são as flores vermelhas, de até 8 cm de comprimento, que despontam durante a primavera e o verão. Só que a folhagem da espécie também é capaz de fazer a diferença nos jardins verticais com sua coloração verde-escura e a textura aveludada conferida pela pelugem que a recobre. De quebra, ela ainda contrasta com o tom marrom-avermelhado dos ramos, também cobertos por pelugem. A espécie, que também pode ser cultivada em vasos, aprecia meia-sombra e solo poroso, bem drenado e úmido. Com até 45 cm de altura, é nativa do sul do México, na América do Norte, e da Guatemala, na América Central, característica de clima tropical, tolerante ao frio subtropical de baixa altitude onde não ocorrem geadas. A reprodução é por sementes, por estaquia ou por divisão da planta.

Columnea hirta 'Light Prince'
Columeia-variegada

Família das gesneriáceas (*Gesneriaceae*)

Considerado um dos mais belos cultivares de columeia, o 'Light Prince' tem folhas de até 4 cm de comprimento que exibem um colorido verde-acinzentado com manchas esbranquiçadas nas bordas e são encobertas por uma fina pelugem esbranquiçada. Elas nascem ao longo da ramagem pendente, que também é toda cheia de pelugem, porém em tom marrom-avermelhado. As flores tubulares, de até 8 cm, despontam no verão e exibem um belo tom vermelho-alaranjado. Além de criar contraste nos jardins verticais, a planta, cujos ramos chegam aos 90 cm de comprimento, pode ser cultivada nas bifurcações dos galhos das árvores e em vasos como pendente, sempre à meia-sombra. Desenvolvida a partir da espécie-tipo, que é nativa da Costa Rica e do Panamá, a columeia-variegada é típica de clima tropical, tolerante ao frio subtropical de baixa altitude onde não ocorrem geadas. O solo deve ser rico em matéria orgânica, solto, poroso, muito bem drenado e mantido úmido. A reprodução se dá por sementes, por estaquia ou por divisão da planta.

Columnea microcalyx
Columeia

Família das gesneriáceas (*Gesneriaceae*)

Syn.: *Columnea gloriosa; C. Localis; C. Lutea; C. microcalyx* var. *macrophylla; C. tuerckheimii*

Para quem olha de longe, a impressão é de que a ramagem desta columeia forma uma cortina densa e delicada. Os responsáveis pelo efeito são os ramos da planta, que podem chegar aos 90 cm de comprimento e sustentam as folhas verde-amarronzadas ou arroxeadas encobertas por uma fina pelugem. As flores tubulares, de até 80 cm de comprimento, são vermelho-alaranjadas com a garganta amarela, e despontam durante o inverno e a primavera. A espécie, que também pode ser cultivada em vasos como pendente, deve ser mantida à meia-sombra ou à sombra, preferencialmente abrigada dos ventos fortes. Ela é nativa da Costa Rica, típica de clima tropical quente e úmido, não tolerante ao frio, e gosta de solo rico em matéria orgânica, solto e bem drenado. Regue-a com frequência durante a primavera e o verão e de forma moderada no outono e inverno. A reprodução é por sementes, por estaquia ou por divisão da planta.

Columnea microphylla 'Variegata'
Columeia-variegada

Família das gesneriáceas (*Gesneriaceae*)

Esta herbácea nem precisa estar florida para se destacar: seus ramos pendentes e seu sistema foliar são tão delicados que, sozinhos, dão conta de ornamentar e criar contraste nos jardins verticais. A ramagem de até 1,5 m de comprimento é delgada e muito densa, coberta por pequenas folhas de até 1,5 cm de comprimento. Verde-acinzentadas com manchas irregulares em tom creme nas bordas, elas são encobertas por uma fina pelugem de textura aveludada. As flores, por sua vez, são bem diferentes das encontradas nas demais columeias: tubulares, com até 7 cm de comprimento, vermelho-alaranjadas com a garganta amarela, intensamente pilosas, e nascem isoladas ao longo dos ramos durante a primavera. A espécie, que também se adapta ao cultivo em vasos, como pendente, deve ser mantida abrigada dos ventos fortes, sempre à meia-sombra ou até mesmo à sombra. Ela é originária da Costa Rica, característica de clima tropical quente e úmido, não tolerante ao frio. O solo deve ser rico em matéria orgânica, solto, poroso, bem drenado e regado com frequência. Já a reprodução é por sementes, por estaquia ou por divisão da planta.

Episcia cupreata 'Frosty'

Planta-tapete

Família das gesneriáceas (*Gesneriaceae*)

De tão ornamental que é sua folhagem, a planta-tapete nem precisaria de flores para se destacar em qualquer parede verde. A espécie, no entanto, não abriu mão desse atrativo e quem a cultiva é surpreendido tanto pela delicadeza das folhas de até 8 cm, com bordas denteadas, nervuras bem marcadas, textura aveludada e um belo colorido verde-claro com manchas verde-escuras, quanto pelas flores tubulares vermelhas com a garganta amarela, que despontam no verão. Ideal tanto para jardins verticais quanto para o cultivo em vasos, como pendente, a herbácea também pode ser usada como forração em canteiros à meia-sombra. Originária do Panamá, na América Central, e da Colômbia, Venezuela e região Norte do Brasil, ela é característica de clima tropical quente e úmido, não tolerante a temperaturas abaixo dos 10 °C. O solo deve ser rico em matéria orgânica, solto, bem drenado e mantido úmido. A reprodução é pela ramagem já enraizada.

Episcia cupreata 'Silver Sheen'
Planta-tapete

Família das gesneriáceas (*Gesneriaceae*)

Com características muito semelhantes às da *Episcia cupreata* 'Frosty', este cultivar se diferencia pelo colorido verde-acinzentado com manchas roxo-escuras, que confere às folhas um efeito prateado.

Episcia 'Longwood Gardens'
Planta-tapete

Família das gesneriáceas (*Gesneriaceae*)

Desenvolvido a partir da espécie-tipo, a planta tem características similares às da *Episcia cupreata*. A única diferença está no colorido das folhas, que são marrom-escuro-brilhantes com as nervuras esverdeadas.

Fittonia albivenis (Argyroneura Group)

Planta-mosaico, fitônia

Família das acantáceas (*Acanthaceae*)

Esta espécie tem as mesmas características da *Fittonia albivenis* (Verschaffeltii Group), descrita na próxima página. Diferencia-se, porém, pela coloração da folha, que exibe um tom mais claro de verde e nervuras brancas.

Fittonia albivenis (Verschaffeltii Group)
Planta-mosaico, fitônia-vermelha

Família das acantáceas (*Acanthaceae*)

O contraste das nervuras vermelhas com o tom verde-oliva das folhas é mais que suficiente para garantir que a planta-mosaico não passe batido nos jardins verticais; nas calçadas, onde é cultivada como forração; nos vãos de escadas; e nas bordaduras de pequenos canteiros. Enquanto as folhas de formato elíptico medem cerca de 5 cm de comprimento, as pequenas flores brancas, que são envoltas por brácteas verdes, despontam no verão agrupadas em inflorescências espigadas de até 10 cm de comprimento. A espécie não passa dos 15 cm de altura e tem ramos bem compridos, com até 30 cm. É originária da região amazônica, característica de clima tropical quente e úmido, não tolerante ao frio. Aprecia meia-sombra, e o solo deve ser rico em matéria orgânica e mantido úmido. A reprodução é pela ramagem rasteira já enraizada.

Fuchsia hybrida
Brinco-de-princesa, fúcsia

Família das onagráceas (*Onagraceae*)

Basta olhar para as flores para descobrir por que o brinco-de-princesa recebeu esse nome: delicadas e com colorido bem variado, elas parecem pingentes pendendo dos ramos. Existem centenas de cultivares da planta, e todos eles florescem durante a primavera e o verão, atraindo beija-flores. Seu uso mais comum é em vasos à meia-sombra, mas a espécie também cria um efeito bem interessante em jardins verticais. Conforme o cultivar, o arbusto pode medir entre 20 cm e 1 m de altura, e é típico de clima subtropical, tolerante ao calor tropical de altitude. A reprodução pode ser feita por sementes ou estaquia.

Gibasis pellucida
Véu-de-noiva

Família das comelináceas (*Commelinaceae*)

Syn.: *Gibasis schiedeana*; *Tradescantia geniculata* var. *botterii*; *T. geniculata* var. *schiedeana*; *T. lundellii*; *T. pellucida*; *T. schiedeana*; *Tripogandra lundellii*

Não se deixe enganar pelo aspecto delicado: o véu-de-noiva é uma planta vigorosa e até invasiva quando cultivada como forração. Já nos jardins verticais e nos vasos e jardineiras suspensos, destaca-se tanto pela ramagem arroxeada coberta por folhas verde-oliva de textura aveludada – e com a face inferior marrom-avermelhada – quanto pelas minúsculas flores brancas, de apenas 8 mm de diâmetro, que despontam o ano todo. Com apenas três pétalas, elas mais parecem flocos de neve. A herbácea é uma das mais cultivadas no mundo como pendente e, por apreciar meia-sombra, é ideal para decorar interiores bem iluminados e varandas e, principalmente, compondo jardins verticais. Ela é nativa da região Central ao sul do México – e provavelmente também da Guatemala e de El Salvador –, característica de clima tropical quente e úmido, tolerante ao frio subtropical de baixa altitude onde não ocorrem geadas. Seus ramos passam dos 2 m de comprimento. Cultive-a em solo rico em matéria orgânica, solto, bem drenado e mantido úmido. A reprodução se dá por estaquia da ramagem enraizada nos nós ou por divisão da planta.

Muehlenbeckia complexa
Planta-arame, cabelo-de-negro

Família das poligonáceas (*Polygonaceae*)

Syn.: *Calacinum complexum*; *Polygonum complexum*; *Sarcogonum complexum*

Os ramos emaranhados deixam esta trepadeira com visual de arame. Eles são encobertos por folhinhas minúsculas e delicadas, que caem no inverno. As inflorescências brancas, por outro lado, são pequenas e pouco vistosas. Além de criar um belo efeito em jardins verticais à meia-sombra ou sob sol pleno, a espécie pode ser plantada em jardineiras como pendente e conduzida em postes ou troncos de árvores. Nativa da Nova Zelândia, aprecia clima subtropical e tem ramos que podem chegar aos 4 m de comprimento. Plante-a em solo rico em matéria orgânica. A reprodução é pela divisão da planta ou por estaquia.

Nematanthus gregarius
Peixinho

Família das gesneriáceas (*Gesneriaceae*)

O peixinho nem precisaria de flores para roubar a cena nos jardins verticais: suas folhas suculentas, de tom verde-escuro-acobreado na parte de cima e marrom-avermelhado na de baixo, são mais do que suficientes para levar cor e contraste às composições. Mas não dá para negar que ele fica ainda mais bonito de meados da primavera até o outono, época em que surgem suas flores, que mesclam vermelho e amarelo-alaranjado, formando uma figura que lembra muito um peixinho. A espécie, que tem ramos de mais de 60 cm de comprimento, também pode ser cultivada como pendente em vasos e jardineiras suspensas ou nas forquilhas dos ramos das árvores, sempre à meia-sombra. Ela é originária da Mata Atlântica do Brasil e característica de clima tropical quente e úmido, não tolerante ao frio. O solo pode ser uma mistura de terra vegetal com casca de pínus ou fibra de coco triturada, regada regularmente. A reprodução é por estaquia.

Nephrolepis cordifolia

Samambaia-de-metro

Família das nefrolepidáceas (*Nephrolepidaceae*)

Syn.: *Aspidium cordifolium*;
A. tuberosum;
Nephrodium tuberosum;
Nephrolepis cordifolia var. *tuberosa*;
N. exaltata var. *tuberosa*;
Polypodium cordifolium

As frondes verde-claras de até 2 m, que pendem conforme vão crescendo, fazem da samambaia-de-metro uma das plantas mais usadas nos jardins verticais à sombra. Mas ela também pode ser plantada em vasos suspensos, sempre protegida do sol. Originária do sul dos Estados Unidos ao sul do Brasil, ela é característica tanto de clima tropical quanto subtropical. Plante-a em solo rico em matéria orgânica e solto, mantido constantemente úmido. A reprodução se dá por divisão de touceira.

Nephrolepis exaltata
Samambaia-selvagem

Família das nefrolepidáceas (*Nephrolepidaceae*)

Syn.: *Aspidium exaltatum*; *Hypopeltis exaltata*; *Nephrodium exaltatum*; *Polypodium exaltatum*

A mais popular das samambaias é outra espécie do gênero muito cultivada em jardins verticais. Suas frondes, que chegam aos 90 cm de comprimento, são verde-claras, compostas de folíolos bem curtos. A espécie se adapta bem ao cultivo em vasos e jardineiras suspensos, sempre protegida do sol direto. Cosmopolita, é originária do México ao Brasil e característica de clima tropical e subtropical ameno. O solo deve ser rico em matéria orgânica, solto e mantido constantemente úmido. Já a reprodução é feita por divisão de touceira.

Nephrolepis exaltata 'Bostoniensis'

Samambaia-Boston

Família das nefrolepidáceas (*Nephrolepidaceae*)

Desenvolvida por melhorias genéticas a partir da *Nephrolepis exaltata*, a espécie se diferencia por apresentar frondes mais curtas, de cerca de 70 cm, e é uma das mais cultivadas em todo o mundo.

Nephrolepis exaltata 'Hillii'

Samambaia-Boston-crespa

Família das nefrolepidáceas (*Nephrolepidaceae*)

Muito similar à samambaia-Boston, este cultivar chama a atenção por conta dos folíolos com as bordas bem onduladas ou encrespadas.

Nephrolepis exaltata 'Plumosa'

Samambaia-americana-plumosa

Família das nefrolepidáceas (*Nephrolepidaceae*)

As frondes desta samambaia mais parecem plumas. Os responsáveis pelo efeito são seus folíolos, que têm as bordas encrespadas e as pontas bifurcadas. Com 60 cm de comprimento, elas são mais curtas que as da *Nephrolepis exaltata* 'Bostoniensis', descrita na página 103, mas as necessidades de cultivo são as mesmas.

Nephrolepis falcata f. *furcans*

Samambaia-rabo-de-peixe, samambaia-asa-de-andorinha

Família das nefrolepidáceas (*Nephrolepidaceae*)

De forma geral, a samambaia-rabo-de-peixe é muito parecida com a *Nephrolepis exaltata*, descrita na página 102. Diferencia-se por apresentar frondes mais longas, com entre 90 cm e 1 m de comprimento, e folíolos com a ponta bifurcada, o que rendeu a ela o nome popular. Indicada para jardins verticais e vasos suspensos, ela é ideal para ornamentar varandas e interiores bem iluminados, sempre protegida do sol direto. Vai bem tanto em clima tropical quanto em regiões subtropicais não sujeitas a geadas, e aprecia solo rico em matéria orgânica, solto e úmido. A reprodução é por divisão de touceira.

Nephrolepis pectinata
Samambaia-paulista

Família das nefrolepidáceas (*Nephrolepidaceae*)

Syn.: *Aspidium pectinatum*; *Nephrodium pectinatum*

Muito cultivada em jardineiras, em vasos suspensos e até em canteiros, a samambaia-paulista tornou-se rapidamente uma das plantas queridinhas nos jardins verticais: além de ser ótima para ambientes sombreados, ela tem frondes vistosas, de até 50 cm de comprimento, compostas por pequenos folíolos verde-claros. A espécie é nativa do sul do México, Caribe, até o sul do Brasil e característica de climas tropical e subtropical, tolerante ao frio. O solo deve ser rico em matéria orgânica, solto e úmido. Reproduz-se por estaquia.

Peperomia clusiifolia
Peperômia

Família das piperáceas (*Piperaceae*)

Syn.: *Peperomia obtusifolia* var. *clusiaefolia*; *Piper clusiifolium*

Por ser uma planta ainda pouco usada no paisagismo, esta peperômia acaba dando aquele ar de novidade ao jardim vertical. Atributos ornamentais não faltam a ela: seus caules robustos e suculentos, que se desenvolvem desde a base formando tufos, são marrom-avermelhados e tomados de folhas ainda mais vistosas. Com cerca de 15 cm de comprimento e formato elíptico-ovalado, elas exibem um belo tom verde-oliva-escuro, têm as bordas arroxeadas, a nervura central clara e a superfície brilhante. As inflorescências, por sua vez, são compostas por minúsculas flores esbranquiçadas, sem valor ornamental. O uso mais comum da espécie é nas paredes verdes, mas ela também pode ser plantada em vasos para decorar ambientes internos bem iluminados, como bordadura ou compondo maciços em canteiros, sempre à meia-sombra. Com até 20 cm de altura, a peperômia é originária das ilhas do Caribe (Antilhas) e da Venezuela, característica de clima tropical quente e úmido, tolerante ao frio subtropical, desde que seja de baixa altitude e em regiões onde não ocorrem geadas. O solo deve ser rico em matéria orgânica, solto, bem drenado e úmido. Já a reprodução se dá por sementes, por estaquia ou por divisão da planta.

Peperomia clusiifolia 'Variegata'
Peperômia-tricolor

Família das piperáceas (*Piperaceae*)

A espécie apresenta as mesmas características da *Peperomia clusiifolia*. O que muda é apenas o colorido das folhas: elas têm na parte central um desenho semelhante ao de uma pena, com o centro verde-escuro-acinzentado, seguido por um tom branco-esverdeado ou amarelado e bordas róseo-avermelhadas.

Peperomia obtusifolia 'Gold'

Peperômia, peperômia-amarela

Família das piperáceas (*Piperaceae*)

As folhas ovaladas, carnudas e douradas fazem da peperômia-amarela uma herbácea muito ornamental tanto em jardins verticais quanto em vasos, cultivada como pendente. Com até 8 cm de comprimento, suas lâminas nascem alternadamente nos nós ao longo dos caules e, no verão, ganham a companhia de inflorescências de até 18 cm de comprimento, compostas por pequenas flores esbranquiçadas, sem valor ornamental. Nos jardins, a herbáea também pode ser cultivada como bordadura, entre pedras ou combinada com outras plantas compondo canteiros mistos, sempre à meia-sombra. Ela não passa dos 25 cm de altura e é originária desde o estado da Flórida, na América do Norte, até a região Sudeste do Brasil, passando por todo o Caribe e América Central. Característica tanto de clima tropical como subtropical, aprecia solo rico em matéria orgânica, solto, bem drenado e úmido. A reprodução é por sementes, por estaquia – tanto do caule como da folha – ou por divisão da planta.

GUIA DE PLANTAS PARA
USO PAISAGÍSTICO VOLUME 3

Peperomia obtusifolia 'Variegata'

Peperômia

Família das piperáceas (*Piperaceae*)

Muito similar à *Peperomia obtusifolia* 'Gold', apresentada na página ao lado, a espécie tem manchas irregulares em diversos tons de verde na parte mais central das folhas e as bordas amarelo-esbranquiçadas.

Peperomia orba 'Variegata'
Peperômia

Família das piperáceas (*Piperaceae*)

Para deixar parte do jardim vertical com textura de veludo, basta apostar nesta herbácea: não apenas suas folhas verde-azuladas com manchas creme-amareladas mas também seus ramos são totalmente encobertos por uma fina e delicada pelugem. Com cerca de 5 cm de comprimento e formato elíptico, as folhas são sustentadas por pecíolos compridos, de até 4 cm de comprimento. A espécie também se destaca quando cultivada em vasos suspensos ou de mesa, em varandas e ambientes internos bem iluminados; e em canteiros à meia-sombra, plantada como forração. De origem desconhecida – provavelmente é nativa da América tropical –, mede cerca de 25 cm de comprimento e é tolerante ao frio subtropical. O solo deve ser rico em matéria orgânica, solto, bem drenado e mantido úmido. A reprodução é feita por estaquia das folhas ou dos caules, ou pela divisão da planta.

Peperomia serpens 'Variegata'

Peperômia, peperômia-filodendro

Família das piperáceas (*Piperaceae*)

Antes muito cultivada em vasos suspensos, esta peperômia foi rapidamente incorporada aos jardins verticais em ambientes internos por conta de seu visual delicado: os ramos delgados e suculentos formam uma espécie de cascata, que sustenta folhas verde-claras com as bordas esbranquiçadas. As inflorescências, por sua vez, não têm valor ornamental. A espécie pode medir até 1,5 m de comprimento, é originária do Peru e característica de clima tropical, tolerante ao frio subtropical de baixa altitude em regiões onde não ocorrem geadas. O solo deve ser rico em matéria orgânica, bem drenado e mantido úmido. Reproduz-se por estaquia.

Philodendron 'Moonlight'

Filodendro-lua-clara

Família das aráceas (*Araceae*)

O tamanho avantajado das folhas em forma de lança, que podem chegar aos 35 cm de comprimento, faz o filodendro-lua-clara contrastar com as demais plantas cultivadas nos jardins verticais. Junte a isso o fato de elas exibirem um belo colorido – são amareladas quando jovens e ficam verde-claras com o tempo – e serem brilhantes que não vão faltar motivos para você apostar nessa espécie na hora de montar uma parede verde à meia-sombra. As inflorescências, de até 12 cm de comprimento, surgem em épocas indeterminadas do ano, principalmente nos meses mais quentes. Elas são compostas por uma espata – um tipo de bráctea ou folha modificada – róseo-avermelhada por fora e esbranquiçada por dentro, e uma espádice onde se agrupam as minúsculas flores. Quem preferir também pode cultivar a herbácea em vasos ou em canteiros, sempre à meia-sombra. Com até 70 cm de altura, ela é característica de clima tropical quente e úmido, não tolerante ao frio. O solo deve ser rico em matéria orgânica, solto, bem drenado e úmido. Já a reprodução se dá por cultura de tecidos (meristema) ou segmentos do caule em forma de estaquia.

Phlebodium aureum
Samambaia

Família das polipodiáceas (*Polypodiaceae*)

Syn.: *Chrysopteris aurea*; *Pleopeltis aurea*; *Polypodium aureum*

   Com frondes verde-amareladas, de até 1 m de comprimento, esta samambaia é ornamental e também muito vigorosa. Indicada para terraços e varandas à meia-sombra, ela pode ser plantada em vasos suspensos e também em jardins verticais. É originária do sul dos Estados Unidos até o Paraguai, característica de climas tropical e subtropical, e aprecia solo rico em matéria orgânica, solto e úmido. A reprodução é por esporos ou divisão de rizomas.

Phlebodium aureum 'Mandaianum'

Samambaia-amazonas

Família das polipodiáceas (*Polypodiaceae*)

Muito parecida com a *Phlebodium aureum*, apresentada na página 115, esta espécie se difere apenas no colorido das frondes, que são verde-azuladas, com o segmentos (lobos) mais encrespados.

Plectranthus ciliatus
Plectranto

Família das lamiáceas (*Labiatae/Lamiaceae*)

É nas folhas verde-oliva-brilhantes com as nervuras bem marcadas e a face inferior arroxeada que está o grande atrativo deste plectranto. Com cerca de 8 cm de comprimento, elas têm formato elíptico ovalado, bordas denteadas, e são encobertas por uma fina pelugem de textura áspera. Nascem aos pares ao longo da ramagem, que é revestida por uma pelugem arroxeada. As flores despontam no verão e no outono agrupadas em inflorescências. São pouco vistosas, mas, como surgem em grande quantidade, acabam criando um contraste interessante com a folhagem. Elas são tubulares, têm cerca de 1,8 cm de comprimento e se agrupam em cachos de até 12 cm de comprimento. Embora o uso mais comum do plectranto seja como forração – nessa situação acaba se tornando invasivo –, ele também pode ser cultivado como pendente em jardins verticais e vasos e jardineiras suspensos. Endêmico da África do Sul, tem ramos que medem entre 30 cm e 60 cm de comprimento e é típico de clima subtropical, tolerante ao calor tropical em regiões de altitude ou serranas. Mantenha-o sempre à meia-sombra, em solo rico em matéria orgânica, solto, bem drenado e úmido. A reprodução é por sementes, por estaquia ou por mudas enraizadas.

Plectranthus madagascariensis 'Variegated Mintleaf'
Plectranto-folha-de-menta-variegada

Família das lamiáceas (*Labiatae / Lamiaceae*)

Syn.: *Coleus madagascariensis*; *O. auricula*; *O. madagascariense*; *O. madagascariensis*; *Plectranthus hirtus*; *P. madagascariensis* var. *madagascariensis*; *P. mauritianus*; *P. pubescens*; *P. villosus*

As folhas deste plectranto exalam um leve e agradável aroma, especialmente quando maceradas. Elas são pequenas – medem até 4 cm de comprimento –, têm formato oval e lanceolado, nervuras bem acentuadas, e são encobertas por uma fina pelugem. Exibem um colorido verde-escuro-brilhante, bordas denteadas e margeadas com um tom esbranquiçado de grande efeito ornamental. As inflorescências, no entanto, são pouco vistosas e despontam em épocas indeterminadas do ano, principalmente nos períodos mais quentes. Apesar de seus ramos chegarem a 1 m de comprimento, a herbácea não passa dos 20 cm de altura. Ela é nativa desde Moçambique até a região Sul da África do Sul; de Madagáscar e arquipélagos vizinhos (Ilhas Mascarenhas), e aprecia tanto clima tropical quanto subtropical, tolerando bem o frio. O solo deve ser rico em matéria orgânica, solto, bem drenado e mantido úmido. A reprodução é por sementes, por divisão da planta ou por estaquia.

Plectranthus verticillatus
Hera-sueca

Família das lamiáceas (*Labiatae / Lamiaceae*)

Syn.: *Ocimum racemosum*; *O. verticillatum*; *Plectranthus nummularius*; *P. thunbergii*

As folhinhas ovaladas e de bordas denteadas conferem à hera-sueca um visual todo especial que faz a diferença nos jardins verticais. Verde-escuro-brilhantes e com textura cerosa, elas nascem ao longo dos ramos que, quando jovens, têm uma coloração avermelhada. As inflorescências despontam em épocas indeterminadas do ano – principalmente nos períodos mais quentes – no ápice de hastes eretas e são compostas por diminutas flores róseo-esbranquiçadas salpicadas de pontinhos arroxeados. A espécie, que também pode ser cultivada em canteiros, como forração, ou em vasos pendentes, é ideal para decorar interiores bem iluminados ou varandas. Embora seus ramos cheguem aos 60 cm de comprimento, ela não passa dos 20 cm de altura. É originária da Austrália e Ilhas do Pacífico, e característica de climas tropical e subtropical. O solo deve ser rico em matéria orgânica, bem drenado e úmido. A reprodução é pela ramagem já enraizada.

Pteris argyraea

Samambaia-prateada

Família das pteridáceas (*Pteridaceae*)

A mancha esbranquiçada no centro dos folíolos verde-claros faz com que as frondes desta samambaia chamem a atenção a distância e criem contraste nos jardins verticais. De formato triangular, elas são sustentadas por um longo pecíolo marrom-avermelhado. Ainda pouco comum nos jardins, a espécie também pode ser cultivada em vasos, em jardineiras, em canteiros e como bordadura, sempre à meia-sombra. Ela é originária da Índia tropical, aprecia solo rico em matéria orgânica, solto e úmido. Reproduz-se por divisão de touceiras.

Schellolepis subauriculata
Samambaia-de-metro

Família das polipodiáceas (*Polypodiaceae*)

Syn.: *Goniophlebium molle; G. subauriculatum; Marginaria subauriculata; Polypodiastrum molle; Polypodium beddomei; P. subauriculatum*

A samambaia esbanja elegância com suas frondes verde-claras de até 3 m de comprimento que nascem formando um denso tufo desde a base. Muito cultivada em jardineiras e vasos suspensos em varandas, ela também foi pouco a pouco ganhando espaço nos jardins verticais à meia-sombra. Originária da Malásia e das Filipinas, é característica de clima tropical úmido, não tolerante ao frio. O solo deve ser rico em matéria orgânica, solto e úmido. Já a reprodução se dá por esporos e divisão de rizomas.

Schellolepis subauriculata 'Knightii'

Samambaia-pluma

Família das polipodiáceas (*Polypodiaceae*)

Os folíolos desta samambaia são tão recortados que acabam deixando as frondes parecendo plumas – daí o nome popular da espécie. Elas são verde-claras, medem até 1 m e fazem da planta uma opção muito ornamental para o cultivo em jardins verticais à meia-sombra – outros usos comuns são em jardineiras e em vasos suspensos decorando varandas. A samambaia-pluma é nativa da Austrália, típica de clima subtropical úmido, e aprecia solo rico em matéria orgânica, solto e úmido. A reprodução é por esporos ou divisão de rizomas.

Tradescantia fluminensis 'Maiden's Blush'
Tradescântia, judeu-errante

Família das comelináceas (*Commelinaceae*)

Syn.: *Tradescantia albiflora*; *T. decora*; *T. fluminensis* var. *pubescens*; *T. fluminensis* var. *tenella*; *T. fluminensis* f. *tenella*; *T. laekenensis*; *T. mundula*; *T. mundula* var. *scabrida*; *T. tenella*

Apesar do aspecto delicado, a tradescântia é invasiva quando cultivada como forração em canteiros – seus caules de até 60 cm de comprimento costumam desenvolver estolões que ajudam a espécie a ganhar terreno. Em jardins verticais, no entanto, fica mais fácil evitar que ela se alastre. Suas folhas longas e ovaladas, que podem medir até 4 cm de comprimento, são verde-escuras com manchas esbranquiçadas e rosadas. As flores de pétalas translúcidas, por sua vez, são diminutas – não passam de 1 cm de diâmetro – e não têm valor ornamental. A espécie também pode ser cultivada como pendente em vasos e jardineiras, tanto sob sol pleno quanto à meia-sombra. Ela é nativa da América do Sul, principalmente das regiões Sul e Sudeste do Brasil, da Argentina, do Paraguai e do Uruguai, típica de clima subtropical, tolerante ao calor tropical. O solo deve ser rico em matéria orgânica e úmido, e a reprodução é por estaquia ou pela ramagem já enraizada.

Tradescantia pallida 'Purpurea'

Trapoeraba-roxa, coração-roxo

Família das comelináceas (*Commelinaceae*)

    Criar contraste é o forte desta herbácea que, por conta das folhas roxas, com a face inferior roxo-avermelhada, jamais passa despercebida no paisagismo. Nos canteiros, o impacto é imediato e, nos jardins verticais, ela é a solução para quebrar a monotonia do verde sem depender da florada das demais espécies. As lâminas longo-ovaladas, com cerca de 16 cm de comprimento, nascem aos pares, diretamente dos nós dos caules. Já as flores, que surgem nos meses mais quentes do ano, são róseas e medem até 1,5 cm de diâmetro. A espécie pode ser cultivada como pendente em vasos e jardineiras, compor maciços como forração e até ser plantada nos vãos de muros. Geralmente, é mantida sob sol pleno para destacar mais seu colorido, porém se desenvolve bem também à meia-sombra– a diferença é que as folhas ficam roxo-acinzentadas. A trapoeraba-roxa tem ramos que podem chegar aos 40 cm de comprimento e é nativa do México. Característica de clima tropical, tolera o frio subtropical de baixa altitude em regiões onde não ocorrem geadas. O solo deve ser rico em matéria orgânica, solto, bem drenado e úmido. A reprodução é por estaquia ou divisão da planta.

Tradescantia sillamontana
Veludo-branco

Família das comelináceas (*Commelinaceae*)

Syn.: *Tradescantia pexata*

Os longos pelos brancos que encobrem as folhas – e também os caules – do veludo-branco conferem à planta um belo tom verde-acinzentado. Ornamental e ao mesmo tempo rústica, ela tem folhas ovaladas desprovidas de pecíolos, que nascem diretamente nos nós dos caules. As flores róseas, por sua vez, despontam no verão e são pequenas: mal chegam a 1,5 cm de diâmetro. Indicada para o plantio em jardins verticais, a espécie, que vai bem tanto sob sol pleno quanto à meia-sombra, também pode ser cultivada em vasos e jardineiras ou entre pedras no canteiro. Seus caules medem até 40 cm de altura, e ela é nativa das regiões montanhosas do norte do México. Característica de clima subtropical, tolera bem o calor tropical de altitude e aprecia solo arenoso acrescido de matéria orgânica. A reprodução é por estaquia ou divisão da planta.

Tradescantia zebrina
Lambari, trapoeraba-roxa

Família das comelináceas (*Commelinaceae*)

Syn.: *Cyanotis zebrina*

Não se deixe enganar pela aparência delicada do lambari: por trás dos caules suculentos e das folhas verde-arroxeadas com duas faixas prateadas, esconde-se uma espécie muito invasiva. Com cerca de 7 cm de diâmetro, suas lâminas são ovaladas e têm a face inferior marrom-avermelhada. Já as flores não possuem valor ornamental. A planta vai bem tanto sob sol pleno quanto à meia sombra e pode ser cultivada como pendente em jardins verticais, vasos e jardineiras; ou na forma de forração – nesse caso, do caule em contato com o solo brotam raízes que ajudam a espécie a se alastrar. Cada caule mede até 60 cm de comprimento. A herbácea é nativa do México e da América Central e típica de clima tropical quente e úmido, não tolerante ao frio. O solo deve ser rico em matéria orgânica e mantido úmido, e a reprodução é por estaquia ou pela ramagem já enraizada.

Tradescantia zebrina 'Purpusii'

Lambari-roxo, lambari

Família das comelináceas (*Commelinaceae*)

A espécie tem as mesmas características da *Tradescantia zebrina* apresentada na página ao lado. Diferencia-se apenas pelo colorido das folhas, que são verde-claro-arroxeadas com estrias levemente prateadas na parte de cima. A face de baixo é marrom-avermelhada. Dependendo da exposição do sol, o colorido das folhas varia na intensidade.

Índice

Nomes científicos – Jardim à Sombra

HERBÁCEAS PARA SOMBRA
Aglaonema commutatum 'Pseudobracteatum' 6
Aglaonema commutatum 'Silver King' 7
Ajuga reptans 'Atropurpurea' 8
Ajuga reptans 'Burgundy Glow' 9
Alocasia Amazonica 10
Alocasia cucullata 11
Alocasia wentii 12
Alpinia vittata 13
Anthurium andraeanum 14
Asparagus densiflorus 'Myersii' 15
Asplenium nidus 16
Begonia (Rex Cultorum Group) 17
Caladium bicolor (Hybrid Group) 18
Chrysothemis pulchella 19
Clivia miniata 20
Ctenanthe burle-marxii 21
Ctenanthe burle-marxii 'Amagris' 22
Ctenanthe setosa 23
Ctenanthe setosa 'Grey Star' 24
Cyclanthus bipartitus 25
Davallia fejeensis 26
Dianella tasmanica 'Variegata' 27
Dichorisandra thyrsiflora 28
Dicksonia sellowiana 29
Dieffenbachia 'Camilla' 30
Dieffenbachia 'Compacta' 31
Goeppertia fasciata 32
Goeppertia majestica 33
Goeppertia makoyana 34
Goeppertia veitchiana 'Medallion' 35
Goeppertia zebrina 36
Impatiens hawkeri (Hybrid Group) 37
Justicia scheidweileri 38
Maranta arundinacea 'Variegata' 39
Maranta cristata 40
Maranta leuconeura 'Kerchoveana' ... 41
Ophiopogon japonicus 42
Philodendron 'Imperial Green' 43
Philodendron 'Imperial Red' 44
Philodendron martianum 45
Philodendron xanadu 46
Pilea cadierei 47
Pilea nummulariifolia 48
Plectranthus scutellarioides 49
Ruellia brevifolia 50
Ruellia makoyana 51
Seemannia sylvatica 52
Spathiphyllum 'Domino' 53
Spathiphyllum wallisii 54
Strobilanthes dyeriana 55
Stromanthe thalia 'Triostar' 56
Zingiber spectabile 57

ARBUSTOS PARA SOMBRA
Ardisia crenata 58
Breynia disticha 59
Dracaena fragrans 'Janet Craig Compacta' 60
Dracaena surculosa var. maculata 61
Justicia aurea 62
Medinilla magnifica 63
Megaskepasma erythrochlamys 64
Ruellia chartacea 65
Schefflera elegantissima 66
Stifftia fruticosa 67

PALMEIRAS PARA SOMBRA
Areca vestiaria 68
Arenga caudata 69

Chamaedorea elegans 70
Chamaedorea metallica 71
Licuala grandis 72
Lytocaryum weddellianum 73
Pinanga coronata 74
Rhapis excelsa 75

Nomes científicos – Jardins Verticais
Abutilon megapotamicum 'Variegata' 78
Aeschynanthus pulcher 79
Aeschynanthus tricolor 80
Asparagus densiflorus 'Sprengeri' 81
Begonia bowerae 82
Begonia 'Erythrophylla' 83
Callisia repens 84
Chlorophytum comosum 'Variegatum' 85
Cissus alata 'Ellen Danica' 86
Codonanthe gracilis 87
Columnea crassifolia 88
Columnea hirta 'Light Prince' 89
Columnea microcalyx 90
Columnea microphylla 'Variegata' ... 91
Episcia cupreata 'Frosty' 92
Episcia cupreata 'Silver Sheen' 93
Episcia 'Longwood Gardens' 94
Fittonia albivenis (Argyroneura Group) 95
Fittonia albivenis (Verschaffeltii Group) 96
Fuchsia hybrida 97
Gibasis pellucida 98
Muehlenbeckia complexa 99
Nematanthus gregarius 100
Nephrolepis cordifolia 101
Nephrolepis exaltata 102
Nephrolepis exaltata 'Bostoniensis' 103
Nephrolepis exaltata 'Hillii' 104
Nephrolepis exaltata 'Plumosa' 105
Nephrolepis falcata f. furcans 106
Nephrolepis pectinata 107
Peperomia clusiifolia 108
Peperomia clusiifolia 'Variegata' 109
Peperomia obtusifolia 'Gold' 110
Peperomia obtusifolia 'Variegata' 111
Peperomia orba 'Variegata' 112
Peperomia serpens 'Variegata' 113
Philodendron 'Moonlight' 114
Phlebodium aureum 115
Phlebodium aureum 'Mandaianum' 116
Plectranthus ciliatus 117
Plectranthus madagascariensis 'Variegated Mintleaf' 118
Plectranthus verticillatus 119
Pteris argyraea 120
Schellolepis subauriculata 121
Schellolepis subauriculata 'Knightii' 122
Tradescantia fluminensis 'Maiden's Blush' 123
Tradescantia pallida 'Purpurea' 124
Tradescantia sillamontana 125
Tradescantia zebrina 126
Tradescantia zebrina 'Purpusii' 127

Nomes populares – Jardim à Sombra

HERBÁCEAS PARA SOMBRA
Café-de-salão-dourado, aglaonema 6
Café-de-salão-imperial 7
Ajuga-acobreada 8
Ajuga-multicolorida, ajuga-tricolor 9
Alocásia-poly, punhal-malaio 10
Inhame-chinês 11
Inhame-branco 12
Gengibre-variegado 13
Antúrio, antúrio-de-flor 14
Aspargo-pluma, aspargo-rabo-de-gato 15
Asplênio, ninho-de-passarinho 16
Begônia-rex 17
Tinhorão, caládio, coração-de-Jesus 18
Flamingo-negro, begônia-negra 19
Clívia 20
Maranta-zebrada 21
Maranta-zebrada-prateada 22
Maranta-cinza, tenante 23
Maranta-cinza, maranta-estrela-cinzenta 24
Mapuá 25
Renda-portuguesa, samambaia-pé-de-coelho 26
Dianela 27
Trapoeraba-azul, dicorisandra 28
Samambaiaçu, xaxim 29
Comigo-ninguém-pode 30
Comigo-ninguém-pode 31
Caetê-redondo 32
Jacundá, maranta-riscada 33
Calateia-pena-de-pavão 34
Maranta-medalhão 35
Calateia-zebra, maranta-zebra ... 36
Beijo-pintado, impatiens-Nova-Guiné 37
Camarão-rosa 38
Araruta-variegada 39
Maranta-bicolor, caetê 40
Maranta-pena-de-pavão 41
Grama-preta, grama-japonesa ... 42
Filodendro-imperial-verde 43
Filodendro-imperial-vermelho 44
Pacová, babosa-de-pau 45
Filodendro-xanadu 46
Planta-alumínio, pileia 47
Dinheiro-em-penca 48
Coleu, coração-magoado 49
Pingo-de-sangue 50
Planta-veludo 51
Sinígia, semânia-pôr-do-sol-boliviano 52
Lírio-da-paz-variegado 53
Lírio-da-paz, bandeira-branca ... 54
Escudo-persa 55
Maranta-sanguínea-tricolor, caetê-bravo-tricolor 56
Gengibre-magnífico 57

ARBUSTOS PARA SOMBRA
Ardísia, ardísia-coral 58
Mil-cores, arbusto-de-neve 59
Dracena-compacta, dracena-anã ... 60
Dracena-confeti 61
Justícia-amarela, jabobínia-amarela 62
Medinila, uva-rosa 63
Justícia-vermelha, capote-vermelho 64
Ruélia-vermelha, ruélia-do-Amazonas 65
Arália, falsa-arália 66
Estíftia-vermelha 67

PALMEIRAS PARA SOMBRA
Areca-dourada 68
Palmeirinha-rabo-de-peixe 69
Palmeira-bambu 70

Palmeirinha-metálica 71
Licuala-grande, palmeira-leque 72
Palmeirinha-de-Petrópolis 73
Pinanga 74
Palmeira-rápis 75

Nomes populares – Jardins Verticais
Lanterninha-japonesa-variegada, sininho-variegado 78
Planta-batom 79
Planta-batom 80
Planta-batom 80
Aspargo-pendente, aspargo-ornamental 81
Begônia-preta 82
Begônia-redonda 83
Dinheiro-em-penca 84
Clorofito, gravatinha 85
Hera-folha-de-carvalho 86
Codonante 87
Columeia 88
Columeia-variegada 89
Columeia 90
Columeia-variegada 91
Planta-tapete 92
Planta-tapete 93
Planta-tapete 94
Planta-mosaico, fitônia 95
Planta-mosaico, fitônia-vermelha 96
Brinco-de-princesa, fúcsia 97
Véu-de-noiva 98
Planta-arame, cabelo-de-negro ... 99
Peixinho 100
Samambaia-de-metro 101
Samambaia-selvagem 102
Samambaia-Boston 103
Samambaia-Boston-crespa 104
Samambaia-americana-plumosa ... 105
Samambaia-rabo-de-peixe, samambaia-asa-de-andorinha 106
Samambaia-paulista 107
Peperômia 108
Peperômia-tricolor 109
Peperômia, peperômia-amarela 110
Peperômia 111
Peperômia 112
Peperômia, peperômia-filodendro 113
Filodendro-lua-clara 114
Samambaia 115
Samambaia-amazonas 116
Plectranto 117
Plectranto-folha-de-menta-variegada 118
Hera-sueca 119
Samambaia-prateada 120
Samambaia-de-metro 121
Samambaia-pluma 122
Tradescântia, judeu-errante 123
Trapoeraba-roxa, coração-roxo ... 124
Veludo-branco 125
Lambari, trapoeraba-roxa 126
Lambari-roxo, lambari 127